Apothekenbetriebsordnung ApBetrO

Impressum

© GROELSV – Verlag, Hans-Much-Weg 14, 20249 Hamburg, Telefon: 040/ 32030598; - Redaktion GROELSV

Wir sind bemüht, ein ansprechendes Produkt zu gestalten, dass vernünftigen Ansprüchen an das Preis/Leistungsverhältnis gerecht wird. Buchbewertungen, z. B. über den Distributor Amazon sind ausdrücklich erwünscht. Konstruktive Anregungen nutzen wir gerne, um künftige Auflagen zu ergänzen und anzupassen.

Die Rechte am Werk, insbesondere für die Zusammenstellung, die Cover- und weitere Gestaltung liegen beim Verlag. Trotz sorgfältigster Bearbeitung und Qualitätskontrolle können Übertragungsfehler und technische Fehler nicht letztgültig ausgeschlossen werden. Fachanwaltliche Beratung wird durch die Konsultation einer Rechtssammlung nicht ersetzt.

Inhaltsverzeichnis

Verordnung über den Betrieb von Apotheken (Apothekenbetriebsordnung - ApBetrO)

Ausfertigungsdatum: 09.02.1987

"Apothekenbetriebsordnung in der Fassung der Bekanntmachung vom 26. September 1995 (BGBl. I S. 1195), die zuletzt durch Artikel 2a der Verordnung vom 6. März 2015 (BGBl. I S. 278) geändert worden ist"

Stand: Neugefasst durch Bek. v. 26.9.1995 I 1195;

Zuletzt geändert durch Art. 2a V v. 6.3.2015 I 278

Erster Abschnitt

Allgemeine Bestimmung

-

§ 1 Anwendungsbereich

(1) Diese Verordnung findet Anwendung auf den Betrieb und die Einrichtung von öffentlichen Apotheken einschließlich der krankenhausversorgenden Apotheken, Zweig- und Notapotheken sowie von Krankenhausapotheken. Ihre Vorschriften legen fest, wie die ordnungsgemäße Versorgung der Bevölkerung mit Arzneimitteln und apothekenpflichtigen Medizinprodukten sicherzustellen ist.

(2) Diese Verordnung findet auf den Apothekenbetrieb insoweit keine Anwendung, als eine Erlaubnis nach § 13, § 52a oder § 72 des Arzneimittelgesetzes erteilt worden ist.

(3) Die Medizinprodukte-Betreiberverordnung in der Fassung der Bekanntmachung vom 21. August 2002 (BGBl. I S. 3396) und die Medizinprodukte-Sicherheitsplanverordnung vom 24. Juni 2002 (BGBl. I S. 2131), jeweils in der geltenden Fassung, bleiben unberührt.

-

§ 1a Begriffsbestimmungen

(1) Krankenhausversorgende Apotheken sind öffentliche Apotheken, die gemäß § 14 Absatz 4 des Gesetzes über das Apothekenwesen ein

4

Krankenhaus versorgen.

(2) Pharmazeutisches Personal sind Apotheker, pharmazeutisch-technische Assistenten, Apothekerassistenten, Pharmazieingenieure, Apothekenassistenten, pharmazeutische Assistenten sowie Personen, die sich in der Ausbildung zum Apothekerberuf oder zum Beruf des pharmazeutisch-technischen Assistenten befinden.

(3) Pharmazeutische Tätigkeit im Sinne dieser Verordnung ist:

1.

die Entwicklung und Herstellung von Arzneimitteln,

2.

die Prüfung von Ausgangsstoffen oder Arzneimitteln,

3.

die Abgabe von Arzneimitteln,

4.

die Information und Beratung über Arzneimittel,

5.

die Überprüfung von Arzneimitteln sowie die Beobachtung, Sammlung und Auswertung von Arzneimittelrisiken und Medikationsfehlern in Krankenhäusern oder in den Krankenhäusern gemäß § 14 Absatz 8 Apothekengesetz hinsichtlich der Arzneimittelversorgung gleichgestellten Einrichtungen oder in den zu versorgenden Einrichtungen im Sinne des § 12a des Apothekengesetzes,

6.

das Medikationsmanagement, mit dem die gesamte Medikation des Patienten, einschließlich der Selbstmedikation, wiederholt analysiert wird mit den Zielen, die Arzneimitteltherapiesicherheit und die Therapietreue zu verbessern, indem arzneimittelbezogene Probleme erkannt und gelöst werden.

(4) Patientenindividuelles Stellen ist die auf Einzelanforderung vorgenommene und patientenbezogene manuelle Neuverpackung von Fertigarzneimitteln für bestimmte Einnahmezeitpunkte des Patienten in einem wieder verwendbaren Behältnis.

(5) Patientenindividuelles Verblistern ist die auf Einzelanforderung vorgenommene und patientenbezogene manuelle oder maschinelle Neuverpackung von Fertigarzneimitteln für bestimmte Einnahmezeitpunkte des Patienten in einem nicht wieder verwendbaren Behältnis.

(6) Ausgangsstoff ist jeder bei der Herstellung eines Arzneimittels verwendete Stoff oder jede Zubereitung aus Stoffen, ausgenommen Verpackungsmaterial.

(7) Primäre Verpackungsmaterialien sind Behältnisse oder Umhüllungen, die mit den Arzneimitteln in Berührung kommen.

(8) Rezepturarzneimittel ist ein Arzneimittel, das in der Apotheke im Einzelfall auf Grund einer Verschreibung oder auf sonstige Anforderung einer einzelnen Person und nicht im Voraus hergestellt wird.

(9) Defekturarzneimittel ist ein Arzneimittel, das im Rahmen des üblichen Apothekenbetriebs im Voraus an einem Tag in bis zu hundert abgabefertigen Packungen oder in einer diesen entsprechenden Menge hergestellt wird.

(10) Apothekenübliche Waren sind:

1.

Medizinprodukte, die nicht der Apothekenpflicht unterliegen,

2.

Mittel sowie Gegenstände und Informationsträger, die der Gesundheit von Menschen und Tieren unmittelbar dienen oder diese fördern,

3.

Mittel zur Körperpflege,

4.

Prüfmittel,

5.

Chemikalien,

6.

Reagenzien,

7.

Laborbedarf,

8.

Schädlingsbekämpfungs- und Pflanzenschutzmittel sowie

9.

Mittel zur Aufzucht von Tieren.

(11) Apothekenübliche Dienstleistungen sind Dienstleistungen, die der Gesundheit von Menschen oder Tieren dienen oder diese fördern; dazu zählen insbesondere:

1.

die Beratung

a)

in Gesundheits- und Ernährungsfragen,

b)

im Bereich Gesundheitserziehung und -aufklärung,

c)

zu Vorsorgemaßnahmen,

d)

über Medizinprodukte,

2.

die Durchführung von einfachen Gesundheitstests,

3.

das patientenindividuelle Anpassen von Medizinprodukten sowie

4.

die Vermittlung von gesundheitsbezogenen Informationen.

(12) Inprozesskontrollen sind Überprüfungen, die während der Herstellung eines Arzneimittels zur Überwachung und erforderlichenfalls Anpassung des Prozesses vorgenommen werden, um zu gewährleisten, dass das Arzneimittel die erwartete Qualität aufweist; bei der Herstellung von sterilen Arzneimitteln, insbesondere Parenteralia, ist die Überwachung der Umgebung oder der Ausrüstung Teil der Inprozesskontrollen.

(13) Kritische Ausrüstungsgegenstände oder Geräte sind solche, die mit den Ausgangsstoffen oder Arzneimitteln in Berührung kommen oder einen anderen wesentlichen Einfluss auf die Qualität oder Sicherheit dieser Produkte haben können.

(14) Kalibrierung ist ein Arbeitsgang, durch den unter genau bestimmten Bedingungen die Beziehung bestimmt wird zwischen

einerseits den Werten, die durch ein Messgerät oder ein Messsystem angezeigt werden, oder den Werten, die sich aus einer Materialmessung ergeben und andererseits den entsprechenden Werten eines Referenzstandards.

(15) Qualifizierung ist das Erbringen eines dokumentierten Nachweises, der mit hoher Sicherheit belegt, dass ein spezifischer Ausrüstungsgegenstand oder eine spezifische Umgebungsbedingung für die Herstellung oder Prüfung des Arzneimittels den vorher festgelegten Qualitätsmerkmalen entspricht.

(16) Validierung ist das Erbringen eines dokumentierten Nachweises, der mit hoher Sicherheit belegt, dass durch einen spezifischen Prozess oder ein Standardarbeitsverfahren ein Arzneimittel hergestellt und geprüft wird, das den vorher festgelegten Qualitätsmerkmalen entspricht.

(17) Herstellen im geschlossenen System ist die Überführung steriler Ausgangsmaterialien oder Lösungen in ein vorsterilisiertes geschlossenes Behältnis, ohne dass der Inhalt dabei mit der äußeren Umgebung in Kontakt kommt.

Zweiter Abschnitt

Der Betrieb von öffentlichen Apotheken

-

§ 2 Apothekenleiter

(1) Apothekenleiter ist

1.

9

bei einer Apotheke, die nach § 1 Abs. 2 des Gesetzes über das Apothekenwesen betrieben wird, der Inhaber der Erlaubnis nach § 2 des Apothekengesetzes, im Falle der Verpachtung, der Pächter,

2.

bei einer Apotheke oder Zweigapotheke, die nach § 13 oder § 16 des Gesetzes über das Apothekenwesen verwaltet wird, der Inhaber der Genehmigung,

3.

bei einer Apotheke, die nach § 17 des Gesetzes über das Apothekenwesen betrieben wird, der von der zuständigen Behörde angestellte und mit der Leitung beauftragte Apotheker,

4.

bei einer Hauptapotheke nach § 2 Abs. 5 Nr. 1 des Apothekengesetzes der Inhaber der Erlaubnis nach § 2 Abs. 4 des Apothekengesetzes,

5.

bei einer Filialapotheke nach § 2 Abs. 5 Nr. 2 des Apothekengesetzes der vom Betreiber benannte Verantwortliche.

(2) Der Apothekenleiter hat die Apotheke persönlich zu leiten. Er ist dafür verantwortlich, daß die Apotheke unter Beachtung der geltenden Vorschriften betrieben wird. Neben dem Apothekenleiter nach Absatz 1 Nr. 5 ist auch der Betreiber für die Einhaltung der zum Betreiben von Apotheken geltenden Vorschriften verantwortlich.

(3) Der Apothekenleiter hat der zuständigen Behörde jede weitere berufliche oder gewerbsmäßige Tätigkeit anzuzeigen, bevor sie aufgenommen wird.

(4) Der Apothekenleiter darf neben Arzneimitteln und apothekenpflichtigen Medizinprodukten die in § 1a Absatz 10 genannten Waren nur in einem Umfang anbieten oder feilhalten, der den ordnungsgemäßen Betrieb der Apotheke und den Vorrang des Arzneimittelversorgungsauftrages nicht beeinträchtigt. Satz 1 ist auf die apothekenüblichen Dienstleistungen nach § 1a Absatz 11 entsprechend anzuwenden.

(5) Der Apothekenleiter muß sich, sofern er seine Verpflichtung zur persönlichen Leitung der Apotheke vorübergehend nicht selbst wahrnimmt, durch einen Apotheker vertreten lassen. Die Vertretung darf insgesamt drei Monate im Jahr nicht überschreiten. Die zuständige Behörde kann eine Vertretung über diese Zeit hinaus zulassen, wenn ein in der Person des Apothekenleiters liegender wichtiger Grund gegeben ist.

(6) Kann ein Apothekenleiter seiner Verpflichtung nach Absatz 5 Satz 1 nicht nachkommen, kann er sich von einem Apothekerassistenten oder Pharmazieingenieur vertreten lassen, sofern dieser insbesondere hinsichtlich seiner Kenntnisse und Fähigkeiten dafür geeignet ist und im Jahre vor dem Vertretungsbeginn mindestens sechs Monate hauptberuflich in einer öffentlichen Apotheke oder Krankenhausapotheke beschäftigt war. Der Apothekenleiter darf sich nicht länger als insgesamt vier Wochen im Jahr von Apothekerassistenten oder Pharmazieingenieuren vertreten lassen. Der Apothekenleiter hat vor Beginn der Vertretung die zuständige Behörde unter Angabe des Vertreters zu unterrichten. Die Sätze 1 bis 3 gelten nicht für die Vertretung

1.

des Inhabers einer Erlaubnis nach § 2 Absatz 4 des
Apothekengesetzes,

2.

des Leiters einer krankenhausversorgenden Apotheke sowie

3.

des Leiters einer Apotheke, auf die die Sondervorschriften des §
34 oder des § 35 Anwendung finden.

(7) Der mit der Vertretung beauftragte Apotheker oder
Apothekerassistent oder Pharmazieingenieur hat während der Dauer
der Vertretung die Pflichten eines Apothekenleiters.

-

§ 2a Qualitätsmanagementsystem

(1) Der Apothekenleiter muss ein Qualitätsmanagementsystem
entsprechend Art und Umfang der pharmazeutischen Tätigkeiten
betreiben. Mit dem Qualitätsmanagementsystem müssen die
betrieblichen Abläufe festgelegt und dokumentiert werden. Das
Qualitätsmanagementsystem muss insbesondere gewährleisten, dass
die Arzneimittel nach Stand von Wissenschaft und Technik hergestellt,
geprüft und gelagert werden und dass Verwechslungen vermieden
werden sowie eine ausreichende Beratungsleistung erfolgt.

(2) Der Apothekenleiter hat im Rahmen des
Qualitätsmanagementsystems dafür zu sorgen, dass regelmäßig
Selbstinspektionen durch pharmazeutisches Personal zur Überprüfung
der betrieblichen Abläufe vorgenommen werden und erforderlichenfalls

Korrekturen vorgenommen werden. Darüber hinaus sollte die Apotheke an regelmäßigen Maßnahmen zu externen Qualitätsüberprüfungen teilnehmen.

(3) Der Apothekenleiter ist dafür verantwortlich, dass die Überprüfungen und die Selbstinspektionen nach Absatz 2 sowie die daraufhin erforderlichenfalls ergriffenen Maßnahmen dokumentiert werden.

§ 3 Apothekenpersonal

(1) Das Apothekenpersonal darf nur entsprechend seiner Ausbildung und seinen Kenntnissen eingesetzt werden und ist über die bei den jeweiligen Tätigkeiten gebotene Sorgfalt regelmäßig zu unterweisen. Die Unterweisung muss sich auch auf die Theorie und Anwendung des Qualitätsmanagementsystems erstrecken sowie auf Besonderheiten der Arzneimittel, die hergestellt, geprüft oder gelagert werden.

(2) Zur Gewährleistung eines ordnungsgemäßen Betriebs der Apotheke muss das notwendige Personal, insbesondere auch das pharmazeutische Personal, in ausreichender Zahl vorhanden sein. Das zur Versorgung eines Krankenhauses zusätzlich erforderliche Personal ergibt sich aus Art und Umfang einer medizinisch zweckmäßigen und ausreichenden Versorgung des Krankenhauses mit Arzneimitteln und apothekenpflichtigen Medizinprodukten unter Berücksichtigung von Größe, Art und Leistungsstruktur des Krankenhauses. Satz 2 gilt entsprechend für die Versorgung von Einrichtungen im Sinne von § 12a des Apothekengesetzes.

(3) (weggefallen)

(4) Die Bewertung der Analyse und die Beratung im Rahmen eines Medikationsmanagements müssen durch einen Apotheker der Apotheke erfolgen.

(5) Es ist verboten, pharmazeutische Tätigkeiten von anderen Personen als pharmazeutischem Personal auszuführen oder ausführen zu lassen, soweit nach Absatz 5a nichts anderes bestimmt ist. Die jeweilige Person muss insoweit der deutschen Sprache mächtig sein und über Kenntnis des in Deutschland geltenden Rechts verfügen, wie es für die Ausübung ihrer jeweiligen Tätigkeit notwendig ist. Pharmazeutische Tätigkeiten, die von pharmazeutisch-technischen Assistenten, pharmazeutischen Assistenten oder Personen, die sich in der Ausbildung zum Apothekerberuf oder zum Beruf des pharmazeutisch-technischen Assistenten befinden, ausgeführt werden, sind vom Apothekenleiter zu beaufsichtigen oder von diesem durch einen Apotheker beaufsichtigen zu lassen. Pharmazeutische Assistenten dürfen keine Arzneimittel abgeben.

(5a) Das Umfüllen einschließlich Abfüllen und Abpacken oder Kennzeichnen von Arzneimitteln darf unter Aufsicht eines Apothekers auch durch anderes als das pharmazeutische Personal ausgeführt werden, soweit es sich um Apothekenhelfer, Apothekenfacharbeiter, pharmazeutisch-kaufmännische Angestellte, sowie Personen, die sich in der Ausbildung zum Beruf des pharmazeutisch-kaufmännischen Angestellten befinden, handelt. Darüber hinaus darf sich das pharmazeutische Personal von dem in Satz 1 genannten anderen Personal der Apotheke unterstützen lassen

1.

bei der Herstellung und Prüfung der Arzneimittel,

2.

bei der Prüfung der Ausgangsstoffe,

3.

durch Bedienung, Pflege und Instandhaltung der Arbeitsgeräte,

4.

beim Abfüllen und Abpacken oder Kennzeichnen der Arzneimittel

sowie

5.

bei der Vorbereitung der Arzneimittel zur Abgabe.

Das zur Herstellung nach Satz 1 oder zur Unterstützung nach Satz 2 eingesetzte Personal muss für diese Aufgaben entsprechend qualifiziert sein und über die bei den jeweiligen Tätigkeiten gebotene Sorgfalt nachweislich zu Anfang und danach fortlaufend vom pharmazeutischen Personal unterwiesen werden.

(6) Zur Versorgung eines Krankenhauses mit Ausnahme der Zustellung darf der Apothekenleiter nur Personal einsetzen, das in seinem Betrieb tätig ist. Satz 1 findet entsprechende Anwendung auf die Versorgung von Bewohnern einer zu versorgenden Einrichtung im Sinne des § 12a des Apothekengesetzes.

-

§ 4 Beschaffenheit, Größe und Einrichtung der
Apothekenbetriebsräume

(1) Die Betriebsräume müssen nach Art, Größe, Zahl, Lage und

Einrichtung geeignet sein, einen ordnungsgemäßen Apothekenbetrieb, insbesondere die einwandfreie Entwicklung, Herstellung, Prüfung, Lagerung, Verpackung sowie eine ordnungsgemäße Abgabe von Arzneimitteln oder die Abgabe von apothekenpflichtigen Medizinprodukten und die Information und Beratung über Arzneimittel oder Medizinprodukte, auch mittels Einrichtungen der Telekommunikation, zu gewährleisten. Die Betriebsräume sind

1.

durch Wände oder Türen abzutrennen

a)

von anderweitig gewerblich oder beruflich genutzten Räumen, auch in Zusammenhang mit Tätigkeiten, für die der Apothekenleiter über eine Erlaubnis nach § 52a des Arzneimittelgesetzes verfügt, sowie

b)

von öffentlichen Verkehrsflächen und Ladenstraßen,

2.

durch geeignete Maßnahmen gegen unbefugten Zutritt zu schützen,

3.

ausreichend zu beleuchten und zu belüften sowie erforderlichenfalls zu klimatisieren,

4.

in einwandfreiem baulichen und hygienischen Zustand zu halten und

5.

16

so anzuordnen, dass jeder Raum ohne Verlassen der Apotheke erreichbar ist (Raumeinheit). Satz 2 Nummer 1 Buchstabe a gilt nicht für die Herstellung von Arzneimitteln, für die eine Erlaubnis nach § 13 des Arzneimittelgesetzes erforderlich ist.

(2) Die Apotheke muss mindestens aus einer Offizin, einem Laboratorium, ausreichendem Lagerraum und einem Nachtdienstzimmer bestehen. Das Laboratorium muss mit einem Abzug mit Absaugvorrichtung oder mit einer entsprechenden Einrichtung, die die gleiche Funktion erfüllt, ausgestattet sein. Die Grundfläche der in Satz 1 genannten Betriebsräume muss mindestens 110 Quadratmeter betragen. Bei der Berechnung der Grundfläche sind die nach § 34 Absatz 3 und § 35 Absatz 3 genannten separaten Räume sowie Räume, die nach Absatz 1 Satz 2 Nummer 1 Buchstabe a von den Betriebsräumen der Apotheke abzutrennen sind, nicht zu berücksichtigen. Für krankenhausversorgende Apotheken gilt § 29 Absatz 1 und 3 entsprechend.

(2a) Die Offizin muss einen Zugang zu öffentlichen Verkehrsflächen haben und soll barrierefrei erreichbar sein. Sie muss so gestaltet werden, dass der Vorrang des Arzneimittelversorgungsauftrags nicht beeinträchtigt wird und für die in der Offizin ausgeübten wesentlichen Aufgaben, insbesondere die Beratung von Patienten und Kunden, genügend Raum bleibt. Die Offizin muss so eingerichtet sein, dass die Vertraulichkeit der Beratung, insbesondere an den Stellen, an denen Arzneimittel an Kunden abgegeben werden, so gewahrt wird, dass das Mithören des Beratungsgesprächs durch andere Kunden weitestgehend verhindert wird.

(2b) Für die Herstellung von nicht zur parenteralen Anwendung bestimmten Arzneimitteln ist ein eigener Arbeitsplatz vorzusehen. Der Arbeitsplatz ist von mindestens drei Seiten raumhoch von anderen Bereichen der Apotheke abzutrennen, sofern sich dieser Arbeitsplatz nicht in einem Betriebsraum befindet, der gleichzeitig ausschließlich als Laboratorium dient. Seine Wände und Oberflächen sowie der Fußboden müssen leicht zu reinigen sein, damit das umgebungsbedingte Kontaminationsrisiko für die herzustellenden Arzneimittel minimal ist. Der Arbeitsplatz kann auch für die Herstellung von Medizinprodukten oder apothekenüblichen Waren nach § 1a Absatz 10 Nummer 2, 3 oder 9 genutzt werden.

(2c) Für die Herstellung von Arzneimitteln, die Drogen oder Drogenmischungen sind, oder für die sonstige Verarbeitung von Drogen als Ausgangsstoffe ist ein gesonderter Arbeitsplatz vorzusehen. Absatz 2b Satz 2 und 3 findet keine Anwendung.

(2d) Der Lagerraum muss ausreichend groß sein und eine ordnungsgemäße Lagerung der in der Apotheke vorrätig gehaltenen oder vertriebenen Produkte ermöglichen. Es muss eine Lagerhaltung unterhalb einer Temperatur von 25 Grad Celsius möglich sein. Für Arzneimittel oder Ausgangsstoffe, die nach § 21 Nummer 7 abzusondern sind, und für gefälschte Arzneimittel, die nach § 21 Nummer 8 gesichert aufzubewahren sind, ist ein separater und entsprechend gekennzeichneter Lagerbereich vorzusehen. Soweit Arzneimittel außerhalb der Öffnungszeiten der Apotheke angeliefert werden, muss die Einhaltung der erforderlichen Lagertemperaturen für die betreffenden Arzneimittel ständig gewährleistet sein; ein Zugriff Unbefugter muss ausgeschlossen werden. Apotheken, die Krankenhäuser mit Arzneimitteln versorgen, müssen für diese Arzneimittel separate Lagerräume oder mindestens separate und entsprechend gekennzeichnete Lagerbereiche vorhalten.

(3) Eine Zweigapotheke muß mindestens aus einer Offizin, ausreichendem Lagerraum und einem Nachtdienstzimmer bestehen. Absatz 2 Satz 1 und 3 findet keine Anwendung.

(4) Absatz 1 Satz 2 Nummer 5 wird nicht angewendet auf

1.

Lagerräume, die ausschließlich der Arzneimittelversorgung von Krankenhäusern oder zur Versorgung von Bewohnern von zu versorgenden Einrichtungen im Sinne des § 12a des Apothekengesetzes dienen,

2.

Räume, die den Versandhandel einschließlich des elektronischen Handels mit Arzneimitteln sowie die dazugehörige Beratung und Information betreffen,

3.

Räume, die für die Herstellungstätigkeiten nach § 34 oder § 35 genutzt werden, oder

4.

das Nachtdienstzimmer.

Diese Räume müssen jedoch in angemessener Nähe zu den übrigen Betriebsräumen liegen. Die Nutzung von Lager- oder Herstellungsräumen innerhalb des zu versorgenden Krankenhauses oder der zu versorgenden Einrichtung im Sinne des § 12a des Apothekengesetzes ist nicht zulässig.

(5) (weggefallen)

(6) Wesentliche Veränderungen der Größe und Lage oder der Ausrüstung der Betriebsräume oder ihrer Nutzung sind der zuständigen Behörde vorher anzuzeigen.

(7) Die Apotheke muss so mit Geräten ausgestattet sein, dass Arzneimittel insbesondere in den Darreichungsformen

1.

Lösungen, Emulsionen, Suspensionen,

2.

Salben, Cremes, Gele, Pasten,

3.

Kapseln, Pulver,

4.

Drogenmischungen sowie

5.

Zäpfchen und Ovula

ordnungsgemäß hergestellt werden können. Die Herstellung steriler Arzneimittel muss möglich sein, soweit es sich nicht um Arzneimittel zur parenteralen Anwendung handelt. Soweit kein Gerät zur Herstellung von Wasser für Injektionszwecke vorhanden ist, muss Wasser zur Injektion als Fertigarzneimittel in ausreichender Menge vorrätig gehalten werden.

(8) In der Apotheke müssen Geräte und Prüfmittel zur Prüfung der in der Apotheke hergestellten Arzneimittel und ihrer Ausgangsstoffe nach

den anerkannten pharmazeutischen Regeln vorhanden sein.

-

§ 4a Hygienemaßnahmen

Der Apothekenleiter muss für das Personal und die Betriebsräume, die zur Arzneimittelherstellung genutzt werden, geeignete Hygienemaßnahmen treffen, mit denen die mikrobiologische Qualität des jeweiligen Arzneimittels sichergestellt wird. Für die Hygienemaßnahmen ist insbesondere Folgendes festzulegen:

1.
   die Häufigkeit und Art der Reinigung der Herstellungsbereiche oder Herstellungsräume,

2.
   soweit erforderlich, die Häufigkeit einer Desinfektion der Herstellungsbereiche und Herstellungsräume sowie

3.
   die einzusetzenden Mittel und Geräte.

Die Maßnahmen sind in einem Hygieneplan schriftlich festzulegen. Die Durchführung der Hygienemaßnahmen ist regelmäßig zu dokumentieren. Unbeschadet des Hygieneplans müssen Festlegungen über hygienisches Verhalten am Arbeitsplatz und zur Schutzkleidung des Personals getroffen werden.

-

§ 5 Wissenschaftliche und sonstige Hilfsmittel

In der Apotheke müssen vorhanden sein

1.

wissenschaftliche Hilfsmittel, die zur Herstellung und Prüfung von Arzneimitteln und Ausgangsstoffen nach den anerkannten pharmazeutischen Regeln im Rahmen des Apothekenbetriebs notwendig sind, insbesondere das Arzneibuch,

2.

wissenschaftliche Hilfsmittel, die zur Information und Beratung des Kunden über Arzneimittel notwendig sind,

3.

wissenschaftliche Hilfsmittel, die zur Information und Beratung der zur Ausübung der Heilkunde, Zahnheilkunde oder Tierheilkunde berechtigten Personen über Arzneimittel erforderlich sind,

4.

Texte der für den Apothekenbetrieb maßgeblichen Rechtsvorschriften.

Die wissenschaftlichen und sonstigen Hilfsmittel sind auf aktuellem Stand zu halten und können auch auf elektronischen Datenträgern vorhanden sein.

-

§ 6 Allgemeine Vorschriften über die Herstellung und Prüfung

(1) Arzneimittel, die in der Apotheke hergestellt werden, müssen die nach der pharmazeutischen Wissenschaft erforderliche Qualität

aufweisen. Sie sind nach den anerkannten pharmazeutischen Regeln herzustellen und zu prüfen; enthält das Arzneibuch entsprechende Regeln, sind die Arzneimittel nach diesen Regeln herzustellen und zu prüfen. Dabei können für die Prüfung auch andere Methoden angewandt und andere Geräte benutzt werden, als im Deutschen Arzneibuch beschrieben sind, unter der Voraussetzung, daß die gleichen Ergebnisse wie mit den beschriebenen Methoden und Geräten erzielt werden. Soweit erforderlich, ist die Prüfung in angemessenen Zeiträumen zu wiederholen.

(2) Bei der Herstellung von Arzneimitteln ist Vorsorge zu treffen, daß eine gegenseitige nachteilige Beeinflussung der Arzneimittel sowie Verwechslungen der Arzneimittel und der Ausgangsstoffe sowie des Verpackungs- und Kennzeichnungsmaterials vermieden werden.

(3) Die Prüfung der Arzneimittel kann unter Verantwortung des Apothekenleiters auch außerhalb der Apotheke erfolgen:

1.

in einem Betrieb, für den eine Erlaubnis nach § 13 des Arzneimittelgesetzes erteilt ist,

2.

in einem Betrieb in einem Mitgliedstaat der Europäischen Union oder des Europäischen Wirtschaftsraums, für den nach jeweiligem nationalen Recht eine Erlaubnis gemäß Artikel 40 der Richtlinie 2001/83/EG des Europäischen Parlaments und des Rates vom 6. November 2001 zur Schaffung eines Gemeinschaftskodexes für Humanarzneimittel (ABl. L 311 vom 28.11.2001, S. 67), zuletzt geändert durch die Richtlinie 2011/62/EU (ABl. L 174 vom

1.7.2011, S. 74), in der jeweils geltenden Fassung oder eine Erlaubnis nach Artikel 44 der Richtlinie 2001/82/EG des Europäischen Parlaments und des Rates vom 6. November 2001 zur Schaffung eines Gemeinschaftskodexes für Tierarzneimittel (ABl. L 311 vom 28.11.2001, S. 1), zuletzt geändert durch die Verordnung (EG) Nr. 596/2009 (ABl. L 188 vom 18.7.2009, S. 14), in der jeweils geltenden Fassung erteilt ist,

3.

in einem Betrieb, für den eine Erlaubnis nach § 1 Absatz 2 in Verbindung mit § 2 des Apothekengesetzes erteilt ist, oder

4.

durch einen Sachverständigen im Sinne des § 65 Absatz 4 des Arzneimittelgesetzes.

Der für die Prüfung Verantwortliche des Betriebs oder die Person nach Satz 1 Nummer 4 hat unter Angabe der Charge sowie des Datums und der Ergebnisse der Prüfung zu bescheinigen, dass das Arzneimittel nach den anerkannten pharmazeutischen Regeln geprüft worden ist und die erforderliche Qualität aufweist (Prüfzertifikat). Die Ergebnisse aus dem Prüfzertifikat sind der Freigabe in der Apotheke zugrunde zu legen. In der Apotheke ist mindestens die Identität des Arzneimittels festzustellen; über die durchgeführten Prüfungen sind Aufzeichnungen zu machen.

(4) Die Vorschriften des Medizinproduktegesetzes über die Herstellung, Sonderanfertigung und Eigenherstellung von Medizinprodukten bleiben unberührt.

-

§ 7 Rezepturarzneimittel

(1) Wird ein Arzneimittel auf Grund einer Verschreibung von Personen, die zur Ausübung der Heilkunde, Zahnheilkunde oder Tierheilkunde berechtigt sind, hergestellt, muß es der Verschreibung entsprechen. Andere als die in der Verschreibung genannten Ausgangsstoffe dürfen ohne Zustimmung des Verschreibenden bei der Herstellung nicht verwendet werden. Dies gilt nicht für Ausgangsstoffe, sofern sie keine eigene arzneiliche Wirkung haben und die arzneiliche Wirkung nicht nachteilig beeinflussen können. Enthält eine Verschreibung einen erkennbaren Irrtum, ist sie unleserlich oder ergeben sich sonstige Bedenken, so darf das Arzneimittel nicht hergestellt werden, bevor die Unklarheit beseitigt ist. Bei Einzelherstellung ohne Verschreibung ist Satz 4 entsprechend anzuwenden.

(1a) Ein Rezepturarzneimittel ist nach einer vorher erstellten schriftlichen Herstellungsanweisung herzustellen, die von einem Apotheker oder im Vertretungsfall nach § 2 Absatz 6 von der zur Vertretung berechtigten Person der Apotheke zu unterschreiben ist. Die Herstellungsanweisung muss mindestens Festlegungen treffen

1.

    zur Herstellung der jeweiligen Darreichungsform einschließlich der Herstellungstechnik und der Ausrüstungsgegenstände,

2.

    zur Plausibilitätsprüfung nach Absatz 1b,

3.

    zu primären Verpackungsmaterialien und zur Kennzeichnung,

25

4.

zu Inprozesskontrollen, soweit diese durchführbar sind,

5.

zur Vorbereitung des Arbeitsplatzes sowie

6.

zur Freigabe und zur Dokumentation.

Soweit es sich um standardisierte und allgemeine Herstellungsanweisungen Dritter handelt, sind sie auf den jeweiligen Apothekenbetrieb anzupassen.

(1b) Die Anforderung über die Herstellung eines Rezepturarzneimittels ist von einem Apotheker nach pharmazeutischen Gesichtspunkten zu beurteilen (Plausibilitätsprüfung). Die Plausibilitätsprüfung muss insbesondere Folgendes berücksichtigen:

1.

die Dosierung,

2.

die Applikationsart,

3.

die Art, Menge und Kompatibilität der Ausgangsstoffe untereinander sowie deren gleichbleibende Qualität in dem fertig hergestellten Rezepturarzneimittel über dessen Haltbarkeitszeitraum sowie

4.

die Haltbarkeit des Rezepturarzneimittels.

Die Plausibilitätsprüfung ist von einem Apotheker oder im Vertretungsfall nach § 2 Absatz 6 von der zur Vertretung berechtigten

Person zu dokumentieren.

(1c) Die Herstellung des Rezepturarzneimittels ist von der herstellenden Person zu dokumentieren (Herstellungsprotokoll) und muss insbesondere Folgendes beinhalten:

1.

die Art und Menge der Ausgangsstoffe und deren Chargenbezeichnungen oder Prüfnummern,

2.

die Herstellungsparameter,

3.

soweit Inprozesskontrollen vorgesehen sind, deren Ergebnis,

4.

den Namen des Patienten und des verschreibenden Arztes oder Zahnarztes,

5.

bei Arzneimitteln zur Anwendung bei Tieren den Namen des Tierhalters und der Tierart sowie den Namen des verschreibenden Tierarztes,

6.

bei Rezepturarzneimitteln, die auf Kundenanforderung hergestellt werden, den Namen des Kunden sowie

7.

den Namen der Person, die das Rezepturarzneimittel hergestellt hat.

Anstelle des Namens des Patienten, Tierhalters oder Kunden nach Satz 1 Nummer 4, 5 oder 6 kann auch eine Bezug nehmende

Herstellnummer dokumentiert werden. Das Herstellungsprotokoll ist von einem Apotheker oder im Vertretungsfall nach § 2 Absatz 6 von der zur Vertretung berechtigten Person mit dem Ergebnis der für die Freigabe vorgenommenen organoleptischen Prüfung und seiner Bestätigung zu ergänzen, dass das angefertigte Arzneimittel dem angeforderten Rezepturarzneimittel entspricht (Freigabe). Die Freigabe muss vor der Abgabe an den Patienten erfolgen.

(2) Bei einem Rezepturarzneimittel kann von einer analytischen Prüfung abgesehen werden, sofern die Qualität des Arzneimittels durch das Herstellungsverfahren, die organoleptische Prüfung des fertig hergestellten Arzneimittels und, soweit vorgesehen, durch die Ergebnisse der Inprozesskontrollen gewährleistet ist.

-

§ 8 Defekturarzneimittel

(1) Ein Defekturarzneimittel ist nach einer vorher erstellten schriftlichen Herstellungsanweisung herzustellen, die von einem Apotheker der Apotheke zu unterschreiben ist. Die Herstellungsanweisung muss insbesondere Festlegungen treffen:

1.

    zu den einzusetzenden Ausgangsstoffen, den primären Verpackungsmaterialien und den Ausrüstungsgegenständen,

2.

    zu den technischen und organisatorischen Maßnahmen, um Kreuzkontaminationen und Verwechslungen zu vermeiden, einschließlich der Vorbereitung des Arbeitsplatzes,

3.

zur Festlegung der einzelnen Arbeitsschritte, einschließlich der Sollwerte, und soweit durchführbar, von Inprozesskontrollen,

4.

zur Kennzeichnung, einschließlich des Herstellungsdatums und des Verfalldatums oder der Nachprüfung, und, soweit erforderlich, zu Lagerungsbedingungen und Vorsichtsmaßnahmen sowie

5.

zur Freigabe zum Inverkehrbringen im Sinne von § 4 Absatz 17 des Arzneimittelgesetzes.

(2) Die Herstellung ist gemäß der Herstellungsanweisung zum Zeitpunkt der Herstellung von der herstellenden Person zu dokumentieren (Herstellungsprotokoll); aus dem Inhalt des Protokolls müssen sich alle wichtigen, die Herstellung betreffenden Tätigkeiten rückverfolgen lassen. Das Herstellungsprotokoll muss die zugrunde liegende Herstellungsanweisung nennen und insbesondere Folgendes beinhalten:

1.

das Herstellungsdatum und die Chargenbezeichnung,

2.

die eingesetzten Ausgangsstoffe sowie deren Einwaagen oder Abmessungen und deren Chargenbezeichnungen oder Prüfnummern,

3.

die Ergebnisse der Inprozesskontrollen,

4.

die Herstellungsparameter,

5.

die Gesamtausbeute und, soweit zutreffend, die Anzahl der abgeteilten Darreichungsformen,

6.

das Verfalldatum oder das Nachtestdatum sowie

7.

die Unterschrift der Person, die das Arzneimittel hergestellt hat. Das Herstellungsprotokoll ist von einem Apotheker mit seiner Bestätigung zu ergänzen, dass die angefertigten Arzneimittel der Herstellungsanweisung entsprechen (Freigabe).

(3) Für die Prüfung von Defekturarzneimitteln ist eine Prüfanweisung anzufertigen, die von einem Apotheker der Apotheke zu unterschreiben ist. Die Prüfanweisung muss mindestens Angaben enthalten zur Probenahme, zur Prüfmethode und zu der Art der Prüfungen, einschließlich der zulässigen Soll- oder Grenzwerte.

(4) Die Prüfung ist gemäß der Prüfanweisung nach Absatz 3 durchzuführen und von der Person zu dokumentieren, die die Prüfung durchgeführt hat (Prüfprotokoll). Das Prüfprotokoll muss die zugrunde liegende Prüfanweisung nennen und insbesondere Angaben enthalten

1.

zum Datum der Prüfung,

2.

zu den Prüfergebnissen und deren Freigabe durch den verantwortlichen Apotheker, der die Prüfung durchgeführt oder beaufsichtigt hat.

-

§§ 9 u. 10 (weggefallen)

-

-

§ 11 Ausgangsstoffe

(1) Zur Herstellung von Arzneimitteln dürfen nur Ausgangsstoffe verwendet werden, deren ordnungsgemäße Qualität festgestellt ist. Auf die Prüfung der Ausgangsstoffe finden die Vorschriften des § 6 Absatz 1 und 3 entsprechende Anwendung.

(2) Werden Ausgangsstoffe bezogen, deren Qualität durch ein Prüfzertifikat nach § 6 Abs. 3 nachgewiesen ist, ist in der Apotheke mindestens die Identität festzustellen. Das Prüfzertifikat soll auch Auskunft über die GMP-konforme Herstellung des Ausgangsstoffs geben, soweit es sich um einen Wirkstoff handelt. Die Verantwortung des Apothekenleiters für die ordnungsgemäße Qualität der Ausgangsstoffe bleibt unberührt. Über die in der Apotheke durchgeführten Prüfungen sind Aufzeichnungen mit Namenszeichen des prüfenden oder die Prüfung beaufsichtigenden Apothekers zu machen.

(3) Werden Arzneimittel, die keine Fertigarzneimittel sind, zur Herstellung anderer Arzneimittel bezogen, gelten die Absätze 1 und 2 entsprechend.

31

§ 11a Tätigkeiten im Auftrag

(1) Soweit die Apotheke die Herstellung von Arzneimitteln gemäß § 21 Absatz 2 Nummer 1b des Arzneimittelgesetzes oder § 11 Absatz 3 oder 4 des Apothekengesetzes von anderen Betrieben durchführen lassen darf, muss dafür ein schriftlicher Vertrag zwischen der Apotheke als Auftraggeber und dem anderen Betrieb als Auftragnehmer bestehen, der in beiden Betrieben vorliegen muss. In dem Vertrag sind die Verantwortlichkeiten jeder Seite klar festzulegen. Satz 1 gilt entsprechend für die Prüfung von in der Apotheke hergestellten Arzneimitteln sowie für die Prüfung von in der Apotheke zur Arzneimittelherstellung vorgesehenen Ausgangsstoffen, soweit diese über die Identitätsprüfung hinausgeht.

(2) Der Apothekenleiter darf eine Arzneimittelherstellung erst in Auftrag geben, wenn ihm für das betreffende Arzneimittel eine Verordnung des Arztes vorliegt und sich nach Prüfung der Verordnung keine Bedenken ergeben haben. § 7 ist entsprechend anzuwenden. Die Verantwortung für die Qualität des hergestellten Arzneimittels sowie für die Information und Beratung des verordnenden Arztes verbleibt bei der Apotheke als Auftraggeber.

§ 12 Prüfung der nicht in der Apotheke hergestellten Fertigarzneimittel und apothekenpflichtigen Medizinprodukte

(1) Fertigarzneimittel, die nicht in der Apotheke hergestellt worden sind, sind stichprobenweise zu prüfen. Dabei darf von einer über die Sinnesprüfung hinausgehenden Prüfung abgesehen werden, wenn sich keine Anhaltspunkte ergeben haben, die Zweifel an der ordnungsgemäßen Qualität des Arzneimittels begründen. Die Sätze 1 und 2 gelten für apothekenpflichtige Medizinprodukte entsprechend.

(2) Das anzufertigende Prüfprotokoll muß mindestens enthalten

1.

   den Namen oder die Firma des pharmazeutischen Unternehmers, bei Medizinprodukten des Herstellers oder seines Bevollmächtigten,

2.

   die Bezeichnung und bei Arzneimitteln zusätzlich die Darreichungsform,

3.

   die Chargenbezeichnung oder das Herstellungsdatum,

4.

   das Datum und die Ergebnisse der Prüfung,

5.

   das Namenszeichen des prüfenden oder die Prüfung beaufsichtigenden Apothekers.

-

§ 13 Behältnisse

Zur Herstellung von Arzneimitteln dürfen nur primäre Verpackungsmaterialien verwendet werden, die gewährleisten, dass die Arzneimittel vor physikalischen, mikrobiologischen oder chemischen Veränderungen geschützt sind und die daher für die beabsichtigten Zwecke geeignet sind.

-

§ 14 Kennzeichnung

(1) Rezepturarzneimittel müssen auf den Behältnissen und, soweit verwendet, den äußeren Umhüllungen, mindestens folgende Angaben aufweisen:

1.

   Name und Anschrift der abgebenden Apotheke und, soweit unterschiedlich, des Herstellers,

2.

   Inhalt nach Gewicht, Rauminhalt oder Stückzahl,

3.

   Art der Anwendung,

4.

   Gebrauchsanweisung,

5.

   Wirkstoffe nach Art und Menge und sonstige Bestandteile nach der Art,

6.

34

Herstellungsdatum,

7.

Verwendbarkeitsfrist mit dem Hinweis „verwendbar bis" unter Angabe von Tag, Monat und Jahr und, soweit erforderlich, Angabe der Haltbarkeit nach dem Öffnen des Behältnisses oder nach Herstellung der gebrauchsfertigen Zubereitung,

8.

soweit erforderlich, Hinweise auf besondere Vorsichtsmaßnahmen, für die Aufbewahrung oder für die Beseitigung von nicht verwendeten Arzneimitteln oder sonstige besondere Vorsichtsmaßnahmen, um Gefahren für die Umwelt zu vermeiden, und

9.

soweit das Rezepturarzneimittel auf Grund einer Verschreibung zur Anwendung bei Menschen hergestellt wurde, Name des Patienten.

Die Angaben müssen in gut lesbarer Schrift und auf dauerhafte Weise angebracht und mit Ausnahme der Nummer 5 in deutscher Sprache verfasst sein. Soweit für das Rezepturarzneimittel ein Fertigarzneimittel als Ausgangsstoff eingesetzt wird, genügt anstelle der Angabe nach Nummer 5 die Angabe der Bezeichnung des Fertigarzneimittels. Die Angaben nach Nummer 8 können auch in einem Begleitdokument gemacht werden.

(1a) Soweit es sich bei den Arzneimitteln um aus Fertigarzneimitteln entnommene Teilmengen handelt, sind neben der vom Arzneimittelgesetz geforderten Kennzeichnung Name und Anschrift der

Apotheke anzugeben.

(1b) Für die Kennzeichnung von Arzneimitteln, die zur klinischen Prüfung am Menschen bestimmt sind, ist § 5 der GCP-Verordnung anzuwenden.

(2) Auf Defekturarzneimittel, die als Fertigarzneimittel in einer zur Abgabe an den Verbraucher bestimmten Packung vorrätig gehalten werden und

1.

Arzneimittel im Sinne von § 2 Absatz 1 oder Absatz 2 Nummer 1 des Arzneimittelgesetzes sind und nicht zur klinischen Prüfung am Menschen bestimmt sind oder

2.

Arzneimittel im Sinne von § 2 Absatz 2 Nummer 2, 3 oder 4 des Arzneimittelgesetzes sind,

ist § 10 des Arzneimittelgesetzes anzuwenden. Soweit für sie eine Zulassung nach § 21 Absatz 2 Nummer 1 oder eine Registrierung nach § 38 Absatz 1 Satz 3 des Arzneimittelgesetzes nicht erforderlich ist, entfällt die Angabe der Zulassungs- oder Registrierungsnummer. Von den Angaben nach § 10 Absatz 1b des Arzneimittelgesetzes kann abgesehen werden.

(3) In der Apotheke hergestellte Arzneimittel, die keine Fertigarzneimittel und zur Anwendung bei Tieren, die der Gewinnung von Lebensmitteln dienen, bestimmt sind, dürfen nur in den Verkehr gebracht werden, wenn die Behältnisse und, soweit verwendet, die äußeren Umhüllungen mit den Angaben entsprechend den §§ 10 und 11 des Arzneimittelgesetzes versehen sind.

(5) (weggefallen)

-

§ 15 Vorratshaltung

(1) Der Apothekenleiter hat die Arzneimittel und apothekenpflichtigen Medizinprodukte, die zur Sicherstellung einer ordnungsgemäßen Arzneimittelversorgung der Bevölkerung notwendig sind, in einer Menge vorrätig zu halten, die mindestens dem durchschnittlichen Bedarf für eine Woche entspricht. Darüber hinaus sind in der Apotheke vorrätig zu halten:

1.
   Analgetika,

2.
   Betäubungsmittel, darunter Opioide zur Injektion sowie zum Einnehmen mit unmittelbarer Wirkstofffreisetzung und mit veränderter Wirkstofffreisetzung,

3.
   Glucocorticosteroide zur Injektion,

4.
   Antihistaminika zur Injektion,

5.
   Glucocorticoide zur Inhalation zur Behandlung von Rauchgas-Intoxikationen,

6.
   Antischaum-Mittel zur Behandlung von Tensid-Intoxikationen,

7.

medizinische Kohle, 50 Gramm Pulver zur Herstellung einer Suspension,

8.

Tetanus-Impfstoff,

9.

Tetanus-Hyperimmun-Globulin 250 I. E.,

10.

Epinephrin zur Injektion,

11.

0,9 Prozent Kochsalzlösung zur Injektion,

12.

Verbandstoffe, Einwegspritzen und -kanülen, Katheter, Überleitungsgeräte für Infusionen sowie Produkte zur Blutzuckerbestimmung.

(2) Der Apothekenleiter muss sicherstellen, dass die Arzneimittel mit folgenden Wirkstoffen entweder in der Apotheke vorrätig gehalten werden oder kurzfristig beschafft werden können:

1.

Botulismus-Antitoxin vom Pferd,

2.

Diphtherie-Antitoxin vom Pferd,

3.

Schlangengift-Immunserum, polyvalent, Europa,

4.

Tollwut-Impfstoff,

5.

Tollwut-Immunglobulin,

6.

Varizella-Zoster-Immunglobulin,

7.

C1-Esterase-Inhibitor,

8.

Hepatitis-B-Immunglobulin,

9.

Hepatitis-B-Impfstoff,

10.

Digitalis-Antitoxin,

11.

Opioide in transdermaler und in transmucosaler

Darreichungsform.

(3) Der Leiter einer krankenhausversorgenden Apotheke muß die zur

Sicherstellung einer ordnungsgemäßen Arzneimittelversorgung der

Patienten des Krankenhauses notwendigen Arzneimittel und, soweit

nach dem Versorgungsvertrag vorgesehen, Medizinprodukte in einer

Art und Menge vorrätig halten, die mindestens dem durchschnittlichen

Bedarf für zwei Wochen entspricht. Diese Arzneimittel und

Medizinprodukte sind aufzulisten.

-

§ 16 Lagerung

(1) Arzneimittel, Ausgangsstoffe, Medizinprodukte und

apothekenübliche Waren und Prüfmittel sind übersichtlich und so zu lagern, daß ihre Qualität nicht nachteilig beeinflußt wird und Verwechslungen vermieden werden. Soweit ihre ordnungsgemäße Qualität nicht festgestellt ist, sind sie unter entsprechender Kenntlichmachung gesondert zu lagern. Dies gilt auch für Behältnisse, äußere Umhüllungen, Kennzeichnungsmaterial, Packungsbeilagen und Packmittel. Die Vorschriften der Gefahrstoffverordnung sowie des Betäubungsmittel- und des Medizinproduktegesetzes einschließlich der hierzu erlassenen Verordnungen bleiben unberührt. Die Lagerungshinweise des Arzneibuches sind zu beachten.

(2) Die Vorratsbehältnisse für Arzneimittel und Ausgangsstoffe müssen so beschaffen sein, daß die Qualität des Inhalts nicht beeinträchtigt wird. Sie müssen mit gut lesbaren und dauerhaften Aufschriften versehen sein, die den Inhalt eindeutig bezeichnen. Dabei ist eine gebräuchliche wissenschaftliche Bezeichnung zu verwenden. Der Inhalt ist durch zusätzliche Angaben zu kennzeichnen, soweit dies zur Feststellung der Qualität und zur Vermeidung von Verwechslungen erforderlich ist. Auf den Behältnissen ist das Verfalldatum oder gegebenenfalls ein Nachprüfdatum anzugeben.

(3) (weggefallen)

(4) (weggefallen)

-

§ 17 Erwerb und Abgabe von Arzneimitteln und Medizinprodukten

(1) Arzneimittel dürfen nur von zur Abgabe von Arzneimitteln berechtigten Betrieben erworben werden.

(1a) Arzneimittel dürfen, außer im Falle des § 11a des Apothekengesetzes und des Absatzes 2a, nur in den Apothekenbetriebsräumen in den Verkehr gebracht und nur durch pharmazeutisches Personal ausgehändigt werden. Satz 1 ist auf apothekenpflichtige Medizinprodukte entsprechend anzuwenden.

(2) Die Zustellung durch Boten der Apotheke ist im Einzelfall ohne Erlaubnis nach § 11a des Apothekengesetzes zulässig; dabei sind die Arzneimittel für jeden Empfänger getrennt zu verpacken und jeweils mit dessen Namen und Anschrift zu versehen. Absatz 2a Satz 1 Nr. 1 und 2 und Satz 2 gilt entsprechend; Absatz 2a Satz 1 Nr. 5 bis 7 und 9 ist, soweit erforderlich, ebenfalls anzuwenden. Bei Zustellung durch Boten ist dafür Sorge zu tragen, daß die Arzneimittel dem Empfänger in zuverlässiger Weise ausgeliefert werden. Sofern eine Beratung in der Apotheke nicht bereits vorgenommen wurde, muss die Beratung durch das pharmazeutische Personal der Apotheke in unmittelbarem Zusammenhang mit der Auslieferung erfolgen. Die Vorschriften des § 43 Abs. 5 des Arzneimittelgesetzes über die Abgabe von Arzneimitteln, die zur Anwendung bei Tieren bestimmt sind, bleiben unberührt.

(2a) Bei dem nach § 11a des Apothekengesetzes erlaubten Versand hat der Apothekenleiter sicherzustellen, dass

1.

das Arzneimittel so verpackt, transportiert und ausgeliefert wird, dass seine Qualität und Wirksamkeit erhalten bleibt,

2.

das Arzneimittel entsprechend den Angaben des Auftraggebers ausgeliefert und gegebenenfalls die Auslieferung schriftlich

41

bestätigt wird. Der Apotheker kann in begründeten Fällen entgegen der Angabe des Auftraggebers, insbesondere wegen der Eigenart des Arzneimittels, verfügen, dass das Arzneimittel nur gegen schriftliche Empfangsbestätigung ausgeliefert wird,

3.

der Besteller in geeigneter Weise davon unterrichtet wird, wenn erkennbar ist, dass die Versendung des bestellten Arzneimittels nicht innerhalb der in § 11a Nr. 3 Buchstabe a des Apothekengesetzes genannten Frist erfolgen kann,

4.

alle bestellten Arzneimittel, soweit sie im Geltungsbereich des Arzneimittelgesetzes in den Verkehr gebracht werden dürfen und verfügbar sind, geliefert werden,

5.

für den Fall von bekannt gewordenen Risiken bei Arzneimitteln dem Kunden Möglichkeiten zur Meldung solcher Risiken zur Verfügung stehen, der Kunde über ihn betreffende Risiken informiert wird und zur Abwehr von Risiken bei Arzneimitteln innerbetriebliche Abwehrmaßnahmen durchgeführt werden,

6.

die behandelte Person darauf hingewiesen wird, dass sie mit der behandelnden Ärztin oder dem behandelnden Arzt Kontakt aufnehmen soll, sofern Probleme bei der Anwendung des Arzneimittels auftreten,

7.

die behandelte Person darauf hingewiesen wird, dass sie als

Voraussetzung für die Arzneimittelbelieferung mit ihrer Bestellung eine Telefonnummer anzugeben hat, unter der sie durch pharmazeutisches Personal der Apotheke mit Erlaubnis zum Versand apothekenpflichtiger Arzneimittel gemäß § 11a des Apothekengesetzes auch mittels Einrichtungen der Telekommunikation ohne zusätzliche Gebühren beraten wird; die Möglichkeiten und Zeiten der Beratung sind ihnen mitzuteilen,

8.

eine kostenfreie Zweitzustellung veranlasst wird und

9.

ein System zur Sendungsverfolgung unterhalten wird.

Die Versendung darf nicht erfolgen, wenn zur sicheren Anwendung des Arzneimittels ein Informations- oder Beratungsbedarf besteht, der auf einem anderen Wege als einer persönlichen Information oder Beratung durch einen Apotheker nicht erfolgen kann.

(2b) Für Arzneimittel, die die Wirkstoffe Lenalidomid, Pomalidomid oder Thalidomid enthalten sowie für zur Notfallkontrazeption zugelassene Arzneimittel mit den Wirkstoffen Levonorgestrel oder Ulipristalacetat, ist ein Inverkehrbringen im Wege des Versandes nach § 43 Abs. 1 Satz 1 des Arzneimittelgesetzes nicht zulässig.

(3) Der Apothekenleiter darf Arzneimittel und Medizinprodukte, die der Apothekenpflicht unterliegen, nicht im Wege der Selbstbedienung in den Verkehr bringen.

(4) Verschreibungen von Personen, die zur Ausübung der Heilkunde, Zahnheilkunde oder Tierheilkunde berechtigt sind, sind in einer der Verschreibung angemessenen Zeit auszuführen.

(5) Die abgegebenen Arzneimittel müssen den Verschreibungen und den damit verbundenen Vorschriften des Fünften Buches Sozialgesetzbuch zur Arzneimittelversorgung entsprechen. Enthält eine Verschreibung einen für den Abgebenden erkennbaren Irrtum, ist sie nicht lesbar oder ergeben sich sonstige Bedenken, so darf das Arzneimittel nicht abgegeben werden, bevor die Unklarheit beseitigt ist. Der Apotheker hat jede Änderung auf der Verschreibung zu vermerken und zu unterschreiben oder im Falle der Verschreibung in elektronischer Form der elektronischen Verschreibung hinzuzufügen und das Gesamtdokument mit einer qualifizierten elektronischen Signatur nach dem Signaturgesetz zu versehen. Die Vorschriften der Betäubungsmittel-Verschreibungsverordnung bleiben unberührt.

(5a) Abweichend von Absatz 5 Satz 1 darf der Apotheker bei der Dienstbereitschaft während der Zeiten nach § 23 Absatz 1 Satz 2 ein anderes, mit dem verschriebenen Arzneimittel nach Anwendungsgebiet und nach Art und Menge der wirksamen Bestandteile identisches sowie in der Darreichungsform und pharmazeutischen Qualität vergleichbares Arzneimittel abgeben, wenn das verschriebene Arzneimittel nicht verfügbar ist und ein dringender Fall vorliegt, der die unverzügliche Anwendung des Arzneimittels erforderlich macht.

(6) Bei der Abgabe der Arzneimittel sind auf der Verschreibung und, falls es sich um eine Verschreibung nach § 3a Absatz 1 Satz 1 der Arzneimittelverschreibungsverordnung handelt, auf der Durchschrift der Verschreibung, anzugeben oder im Falle der Verschreibung in elektronischer Form der elektronischen Verschreibung hinzufügen

1.

der Name oder die Firma des Inhabers der Apotheke und deren Anschrift,

2.

das Namenszeichen des Apothekers, des Apothekerassistenten, des Pharmazieingenieurs oder des Apothekenassistenten, der das Arzneimittel abgegeben, oder des Apothekers, der die Abgabe beaufsichtigt hat; im Falle der Verschreibung in elektronischer Form ist das Namenszeichen durch eine elektronische Signatur nach dem Signaturgesetz zu ersetzen, wobei der Apothekenleiter die Rückverfolgbarkeit zum jeweiligen Unterzeichner und deren Dokumentation sicherzustellen hat,

3.

das Datum der Abgabe,

4.

der Preis des Arzneimittels,

5.

das in § 300 Abs. 3 Nr. 1 des Fünften Buches Sozialgesetzbuch genannte bundeseinheitliche Kennzeichen für das abgegebene Fertigarzneimittel, soweit es zur Anwendung bei Menschen bestimmt ist.

Abweichend von Nummer 2 kann der Apothekenleiter nach Maßgabe des § 3 Abs. 5 die Befugnis zum Abzeichnen von Verschreibungen auf pharmazeutisch-technische Assistenten übertragen. Der pharmazeutisch-technische Assistent hat in den Fällen des Absatzes 5 Satz 2 und bei Verschreibungen, die nicht in der Apotheke verbleiben, die Verschreibung vor, in allen übrigen Fällen unverzüglich nach der

Abgabe der Arzneimittel einem Apotheker vorzulegen.

(6a) Bei dem Erwerb und der Abgabe von Blutzubereitungen, Sera aus menschlichem Blut und Zubereitungen aus anderen Stoffen menschlicher Herkunft sowie gentechnisch hergestellten Plasmaproteinen zur Behandlung von Hämostasestörungen sind zum Zwecke der Rückverfolgung folgende Angaben aufzuzeichnen:

1.

die Bezeichnung des Arzneimittels,

2.

die Chargenbezeichnung und die Menge des Arzneimittels,

3.

das Datum des Erwerbs und der Abgabe,

4.

Name und Anschrift des verschreibenden Arztes sowie Name oder Firma und Anschrift des Lieferanten und

5.

Name, Vorname, Geburtsdatum und Adresse des Patienten oder bei der für die Arztpraxis bestimmten Abgabe der Name und die Anschrift des verschreibenden Arztes.

(6b) Bei dem Erwerb und der Abgabe von Arzneimitteln mit den Wirkstoffen Lenalidomid, Pomalidomid oder Thalidomid und dem Erwerb dieser Wirkstoffe sind folgende Angaben aufzuzeichnen:

1.

die Bezeichnung und die Chargenbezeichnung des Arzneimittels oder des Wirkstoffs,

2.

die Menge des Arzneimittels oder des Wirkstoffs,

3.

das Datum des Erwerbs,

4.

das Datum der Abgabe,

5.

Name oder die Firma und die Anschrift des Lieferanten,

6.

Name und Anschrift der verschreibenden Ärztin oder des verschreibenden Arztes und

7.

Name und Anschrift der Person, für die das Arzneimittel bestimmt ist.

Nach dem Versand der Durchschriften der Vordrucke nach § 3a Absatz 7 der Arzneimittelverschreibungsverordnung an das Bundesinstitut für Arzneimittel und Medizinprodukte ist das Datum des Versands den Angaben nach Satz 1 hinzuzufügen.

(6c) Apotheken dürfen von anderen Apotheken keine Arzneimittel beziehen. Satz 1 wird nicht angewendet auf Arzneimittel,

1.

die gemäß § 52a Absatz 7 des Arzneimittelgesetzes im Rahmen des üblichen Apothekenbetriebs von Apotheken bezogen werden,

2.

die von Apotheken bezogen werden, für die dieselbe Erlaubnis nach § 1 Absatz 2 in Verbindung mit § 2 Absatz 4 des

Apothekengesetzes erteilt wurde,

3.

die von Apotheken gemäß § 11 Absatz 3 oder 4 des
Apothekengesetzes bezogen werden dürfen,

4.

die nach Schließung einer Apotheke an einen nachfolgenden
Erlaubnisinhaber nach dem Apothekengesetz weitergegeben
werden oder

5.

die in dringenden Fällen von einer Apotheke bezogen werden; ein
dringender Fall liegt vor, wenn die unverzügliche Anwendung des
Arzneimittels erforderlich ist und wenn das Arzneimittel nicht
rechtzeitig bezogen oder hergestellt werden kann.

Werden Arzneimittel von Apotheken bezogen oder von diesen an
andere Apotheken weitergegeben, muss zusätzlich die
Chargenbezeichnung des jeweiligen Arzneimittels dokumentiert und
auch dem Empfänger mitgeteilt werden.

(7) Soweit öffentliche Apotheken Krankenhäuser mit Arzneimitteln
versorgen, gelten die Vorschriften des § 31 Abs. 1 bis 3 sowie § 32
entsprechend. Satz 1 gilt für apothekenpflichtige Medizinprodukte
entsprechend.

(8) Das pharmazeutische Personal hat einem erkennbaren
Arzneimittelmißbrauch in geeigneter Weise entgegenzutreten. Bei
begründetem Verdacht auf Mißbrauch ist die Abgabe zu verweigern.

-

§ 18 Einfuhr von Arzneimitteln

(1) Werden Fertigarzneimittel nach § 73 Absatz 3 oder 3a des Arzneimittelgesetzes in den Geltungsbereich dieser Verordnung verbracht, sind folgende Angaben aufzuzeichnen

1.
   die Bezeichnung des eingeführten Arzneimittels,

2.
   der Name oder die Firma und die Anschrift des pharmazeutischen Unternehmers,

3.
   die Chargenbezeichnung, Menge des Arzneimittels und die Darreichungsform,

4.
   der Name oder die Firma und die Anschrift des Lieferanten,

5.
   der Name und die Anschrift der Person, für die das Arzneimittel bestimmt ist,

6.
   der Name und die Anschrift des verschreibenden Arztes oder des verschreibenden Tierarztes,

7.
   das Datum der Bestellung und der Abgabe,

8.
   das Namenszeichen des Apothekers, der das Arzneimittel abgegeben oder die Abgabe beaufsichtigt hat. Soweit aus

Gründen der Arzneimittelsicherheit besondere Hinweise geboten sind, sind diese bei der Abgabe mitzuteilen. Diese Mitteilung ist aufzuzeichnen.

(2) Fertigarzneimittel, die aus einem Mitgliedstaat der Europäischen Gemeinschaften über den Umfang von § 73 Abs. 3 des Arzneimittelgesetzes hinaus in den Geltungsbereich dieser Verordnung verbracht werden, dürfen von einer Apotheke nur dann erstmals in den Verkehr gebracht werden, wenn sie entsprechend § 6 Absatz 3 Satz 1 bis 3 geprüft sind und die erforderliche Qualität bestätigt ist. Von der Prüfung kann abgesehen werden, wenn die Arzneimittel in dem Mitgliedstaat nach den dort geltenden Rechtsvorschriften geprüft sind und dem Prüfprotokoll entsprechende Unterlagen vorliegen.

-

§ 19 Erwerb und Abgabe von verschreibungspflichtigen Tierarzneimitteln

(1) Über den Erwerb und die Abgabe von verschreibungspflichtigen Arzneimitteln, die zur Anwendung bei Tieren bestimmt sind, sind zeitlich geordnete Nachweise zu führen. Als ausreichender Nachweis ist anzusehen:

1.

für den Erwerb die geordnete Zusammenstellung der Lieferscheine, Rechnungen oder Warenbegleitscheine, aus denen sich ergibt:

a)

Name oder Firma und Anschrift des Lieferanten,

b)

Bezeichnung und Menge des Arzneimittels, einschließlich seiner Chargenbezeichnung,

c)

das Datum des Erwerbs;

2.

für die Abgabe ein Doppel oder eine Ablichtung der Verschreibung mit Aufzeichnungen über

a)

Name und Anschrift des Empfängers,

b)

Name und Anschrift des verschreibenden Tierarztes,

c)

Bezeichnung und Menge des Arzneimittels einschließlich seiner Chargenbezeichnung,

d)

das Datum der Abgabe.

Soweit nach § 4 Abs. 2 der Arzneimittelverschreibungsverordnung eine Verschreibung nicht in schriftlicher oder elektronischer Form vorgelegt wird, sind bei der Abgabe die Angaben nach Satz 2 Nr. 2, auch in Verbindung mit Satz 4, zu dokumentieren. Soweit in den Fällen des Satzes 2 Nr. 1 Buchstabe b und Nr. 2 Buchstabe c das Arzneimittel nicht in Chargen in den Verkehr gebracht wird und ein Herstellungsdatum trägt, ist dieses anzugeben.

(2) Verschreibungspflichtige Arzneimittel, die zur Anwendung bei

Tieren, die der Gewinnung von Lebensmitteln dienen, bestimmt sind, dürfen nur auf eine Verschreibung, die in zweifacher Ausfertigung vorgelegt wird, abgegeben werden. Das Original der Verschreibung ist für den Tierhalter bestimmt, die Durchschrift verbleibt in der Apotheke. Auf dem Original ist die Chargenbezeichnung des abgegebenen Arzneimittels anzugeben; soweit es nicht in Chargen in den Verkehr gebracht wird und ein Herstellungsdatum trägt, ist dieses anzugeben.

(3) Der Apothekenleiter hat mindestens einmal jährlich die Ein- und Ausgänge der zur Anwendung bei Tieren bestimmten verschreibungspflichtigen Arzneimittel gegen den vorhandenen Bestand dieser Arzneimittel aufzurechnen und Abweichungen festzustellen.

-

§ 20 Information und Beratung

(1) Der Apothekenleiter muss im Rahmen des Qualitätsmanagementsystems sicherstellen, dass Patienten und andere Kunden sowie die zur Ausübung der Heilkunde, Zahnheilkunde oder Tierheilkunde berechtigten Personen hinreichend über Arzneimittel und apothekenpflichtige Medizinprodukte informiert und beraten werden. Die Verpflichtung zur Information und Beratung über Arzneimittel muss durch Apotheker der Apotheke ausgeübt werden, sie kann durch andere Angehörige des pharmazeutischen Personals der Apotheke übernommen werden, wenn der Apothekenleiter dies zuvor schriftlich festgelegt hat. Dabei hat er auch zu definieren, in welchen Fällen ein Apotheker der Apotheke grundsätzlich hinzuzuziehen ist.

(1a) Durch die Information und Beratung der Patienten und anderen Kunden darf die Therapie der zur Ausübung der Heilkunde, Zahnheilkunde oder Tierheilkunde berechtigten Personen nicht beeinträchtigt werden. Soweit Arzneimittel ohne Verschreibung abgegeben werden, hat der Apotheker dem Patienten und anderen Kunden die zur sachgerechten Anwendung erforderlichen Informationen zu geben.

(2) Bei der Information und Beratung über Arzneimittel müssen insbesondere Aspekte der Arzneimittelsicherheit berücksichtigt werden. Die Beratung muss die notwendigen Informationen über die sachgerechte Anwendung des Arzneimittels umfassen, soweit erforderlich, auch über eventuelle Nebenwirkungen oder Wechselwirkungen, die sich aus den Angaben auf der Verschreibung sowie den Angaben des Patienten oder Kunden ergeben, und über die sachgerechte Aufbewahrung oder Entsorgung des Arzneimittels. Bei der Abgabe von Arzneimitteln an einen Patienten oder anderen Kunden ist durch Nachfrage auch festzustellen, inwieweit dieser gegebenenfalls weiteren Informations- und Beratungsbedarf hat und eine entsprechende Beratung anzubieten. Im Falle der Selbstmedikation ist auch festzustellen, ob das gewünschte Arzneimittel zur Anwendung bei der vorgesehenen Person geeignet erscheint oder in welchen Fällen anzuraten ist, gegebenenfalls einen Arzt aufzusuchen. Die Sätze 1 bis 4 sind auf apothekenpflichtige Medizinprodukte entsprechend anzuwenden.

(3) Der Apothekenleiter muss einschlägige Informationen bereitstellen, um Patienten und anderen Kunden zu helfen, eine sachkundige

Entscheidung zu treffen, auch in Bezug auf Behandlungsoptionen, Verfügbarkeit, Qualität und Sicherheit der von ihm erbrachten Leistungen; er stellt ferner klare Rechnungen und klare Preisinformationen sowie Informationen über den Erlaubnis- oder Genehmigungsstatus der Apotheke, den Versicherungsschutz oder andere Formen des persönlichen oder kollektiven Schutzes in Bezug auf seine Berufshaftpflicht bereit.

(4) Dem Leiter einer krankenhausversorgenden Apotheke oder dem von ihm beauftragten Apotheker obliegt die Information und Beratung der Ärzte des Krankenhauses über Arzneimittel und apothekenpflichtige Medizinprodukte. Er ist Mitglied der Arzneimittelkommission des Krankenhauses.

–

§ 21 Arzneimittelrisiken, Behandlung nicht verkehrsfähiger Arzneimittel

Der Apothekenleiter hat dafür zu sorgen, daß bei Arzneimittelrisiken und nicht verkehrsfähigen Arzneimitteln die folgenden Maßnahmen getroffen werden:

1.

Alle Informationen über Beanstandungen bei Arzneimitteln, insbesondere über Arzneimittelrisiken wie Qualitäts- und Verpackungsmängel, Mängel der Kennzeichnung und Packungsbeilage, Nebenwirkungen, Wechselwirkungen mit anderen Arzneimitteln, Gegenanzeigen und mißbräuchliche Anwendung sind ihm oder dem von ihm beauftragten Apotheker unverzüglich mitzuteilen.

2.

Er oder der von ihm beauftragte Apotheker hat die Informationen zu überprüfen und die erforderlichen Maßnahmen zur Gefahrenabwehr zu veranlassen.

3.

Ist bei Arzneimitteln oder Ausgangsstoffen, die die Apotheke bezogen hat, die Annahme gerechtfertigt, daß Qualitätsmängel vorliegen, die vom Hersteller verursacht sind, ist die zuständige Behörde unverzüglich zu benachrichtigen.

4.

Bei Rückruf von Arzneimitteln, die in der Apotheke hergestellt worden sind, ist die zuständige Behörde unter Angabe des Grundes unverzüglich zu benachrichtigen.

5.

Über Arzneimittelrisiken, die in der Apotheke festgestellt werden, sowie über die daraufhin veranlaßten Überprüfungen, Maßnahmen und Benachrichtigungen sind Aufzeichnungen zu machen.

6.

Bei krankenhausversorgenden Apotheken hat er unbeschadet der Nummern 1 bis 5 die ihm bekannt werdenden Arzneimittelrisiken unverzüglich den leitenden Ärzten und der Arzneimittelkommission des Krankenhauses mitzuteilen.

7.

Arzneimittel oder Ausgangsstoffe, die nicht verkehrsfähig sind oder für die eine Aufforderung zur Rückgabe vorliegt, sind umzuarbeiten, zurückzugeben oder zu vernichten; sofern sie nicht sofort umgearbeitet, zurückgegeben oder vernichtet werden, sind sie als solche kenntlich zu machen und abzusondern. Über die Maßnahmen sind Aufzeichnungen zu machen.

8.

Gefälschte Arzneimittel, die im Vertriebsnetz festgestellt werden, sind bis zur Entscheidung über das weitere Vorgehen getrennt von verkehrsfähigen Arzneimitteln und gesichert aufzubewahren, um Verwechslungen zu vermeiden und einen unbefugten Zugriff zu verhindern. Sie müssen eindeutig als nicht zum Verkauf bestimmte Arzneimittel gekennzeichnet werden. Über das Auftreten von Arzneimittelfälschungen ist die zuständige Behörde unverzüglich zu informieren. Die getroffenen Maßnahmen sind zu dokumentieren.

Für Medizinprodukte gilt die Medizinprodukte-Sicherheitsplanverordnung.

-

§ 22 Allgemeine Dokumentation

(1) Alle Aufzeichnungen über die Herstellung, Prüfung, Überprüfung der Arzneimittel im Krankenhaus und in zu versorgenden Einrichtungen im Sinne von § 12a des Apothekengesetzes, Lagerung, Einfuhr, das Inverkehrbringen, den Rückruf, die Rückgabe der Arzneimittel auf Grund eines Rückrufes, die Bescheinigungen nach § 6 Abs. 3 Satz 2 und § 11 Abs. 2 Satz 1 sowie die Nachweise nach § 19 sind vollständig

und mindestens bis ein Jahr nach Ablauf des Verfalldatums, jedoch nicht weniger als fünf Jahre lang, aufzubewahren. Der ursprüngliche Inhalt einer Eintragung darf nicht unkenntlich gemacht werden. Es dürfen keine Veränderungen vorgenommen werden, die nicht erkennen lassen, ob sie bei oder nach der ursprünglichen Eintragung vorgenommen worden sind.

(1a) (weggefallen)

(1b) Aufzeichnungen nach § 17 Abs. 6 Satz 1 Nr. 2 Halbsatz 2 sind nach der letzten Eintragung drei Jahre lang aufzubewahren.

(2) Aufzeichnungen können auch auf Bild- oder Datenträgern vorgenommen und aufbewahrt werden. Hierbei muss sichergestellt sein, dass die Daten während der Aufbewahrungsfrist verfügbar sind und innerhalb einer angemessenen Frist lesbar gemacht werden können. Bei einer Aufzeichnung und Aufbewahrung ausschließlich auf Datenträgern ist ein nach dieser Verordnung gefordertes Namenszeichen durch eine elektronische Signatur nach dem Signaturgesetz und eine eigenhändige Unterschrift durch eine qualifizierte elektronische Signatur nach dem Signaturgesetz zu ersetzen.

(3) Die Aufzeichnungen und Nachweise sind der zuständigen Behörde auf Verlangen vorzulegen.

(4) Abweichend von Absatz 1 sind die Aufzeichnungen nach § 17 Abs. 6a mindestens dreißig Jahre aufzubewahren oder zu speichern und zu vernichten oder zu löschen, wenn die Aufbewahrung oder Speicherung nicht mehr erforderlich ist. Werden die Aufzeichnungen länger als dreißig Jahre aufbewahrt oder gespeichert, sind sie zu anonymisieren.

§ 23 Dienstbereitschaft

(1) Apotheken sind zur ständigen Dienstbereitschaft verpflichtet. Die zuständige Behörde befreit einen Teil der Apotheken ganz oder teilweise zu folgenden Zeiten von der Pflicht zur Dienstbereitschaft:

1.

montags bis sonnabends von 0:00 Uhr bis 8:00 Uhr,

2.

montags bis freitags von 18:30 Uhr bis 24:00 Uhr,

3.

sonnabends von 14:00 Uhr bis 24:00 Uhr,

4.

am 24. und 31. Dezember von 14:00 Uhr bis 24:00 Uhr,

5.

sonntags und an gesetzlichen Feiertagen.

(2) Von der Verpflichtung zur Dienstbereitschaft kann die zuständige Behörde für die Dauer der ortsüblichen Schließzeiten, der Mittwochnachmittage, Sonnabende oder der Betriebsferien und, sofern ein berechtigter Grund vorliegt, auch außerhalb dieser Zeiten befreien, wenn die Arzneimittelversorgung in dieser Zeit durch eine andere Apotheke, die sich auch in einer anderen Gemeinde befinden kann, sichergestellt ist.

(3) Während der Zeiten nach Absatz 1 Satz 2 genügt es zur Gewährleistung der Dienstbereitschaft, wenn sich der Apothekenleiter

oder eine vertretungsberechtigte Person in unmittelbarer Nachbarschaft zu den Apothekenbetriebsräumen aufhält und jederzeit erreichbar ist. Die zuständige Behörde kann in begründeten Einzelfällen einen Apothekenleiter auf Antrag von der Verpflichtung nach Satz 1 befreien, wenn der Apothekenleiter oder eine vertretungsberechtigte Person jederzeit erreichbar und die Arzneimittelversorgung in einer für den Kunden zumutbaren Weise sichergestellt ist.

(5) An nicht dienstbereiten Apotheken ist für Patienten oder andere Kunden an deutlich sichtbarer Stelle ein gut lesbarer Hinweis auf die nächstgelegenen dienstbereiten Apotheken anzubringen.

(6) Apotheken, die Krankenhäuser mit Arzneimitteln und apothekenpflichtigen Medizinprodukten versorgen, haben unbeschadet der Vorschriften der Absätze 1 bis 4 mit dem Träger des Krankenhauses eine Dienstbereitschaftsregelung zu treffen, die die ordnungsgemäße Arzneimittelversorgung des Krankenhauses und Beratung durch einen Apotheker der Apotheke gewährleistet.

-

§ 24 Rezeptsammelstellen

(1) Einrichtungen zum Sammeln von Verschreibungen (Rezeptsammelstellen) dürfen nur mit Erlaubnis der zuständigen Behörde unterhalten werden. Die Erlaubnis ist dem Inhaber einer Apotheke auf Antrag zu erteilen, wenn zur ordnungsgemäßen Arzneimittelversorgung von abgelegenen Orten oder Ortsteilen ohne Apotheken eine Rezeptsammelstelle erforderlich ist. Die Erlaubnis ist

zu befristen und darf die Dauer von drei Jahren nicht überschreiten. Eine wiederholte Erteilung ist zulässig.

(2) Rezeptsammelstellen dürfen nicht in Gewerbebetrieben oder bei Angehörigen der Heilberufe unterhalten werden.

(3) Die Verschreibungen müssen in einem verschlossenen Behälter gesammelt werden, der vor dem Zugriff unberechtigter Personen geschützt ist. Auf dem Behälter müssen deutlich sichtbar der Name und die Anschrift der Apotheke sowie die Abholzeiten angegeben werden. Ferner ist auf oder unmittelbar neben dem Behälter ein deutlicher Hinweis darauf anzubringen, daß die Verschreibung mit Namen, Vornamen, Wohnort, Straße und Hausnummer des Empfängers und mit der Angabe, ob die Bestellung in der Apotheke abgeholt oder dem Empfänger überbracht werden soll, zu versehen ist. Der Behälter muß zu den auf ihm angegebenen Zeiten durch einen Boten, der zum Personal der Apotheke gehören muß, geleert oder abgeholt werden.

(4) Die Arzneimittel sind in der Apotheke für jeden Empfänger getrennt zu verpacken und jeweils mit dessen Namen und Anschrift zu versehen. Sie sind, sofern sie nicht abgeholt werden, dem Empfänger in zuverlässiger Weise im Wege der Botenzustellung nach § 17 Absatz 2 auszuliefern.

-

§ 25 (weggefallen)

-

-

§ 25a Abwehr von bedrohlichen übertragbaren Krankheiten

Im Falle einer bedrohlichen übertragbaren Krankheit, deren Ausbreitung eine sofortige und das übliche Maß erheblich überschreitende Bereitstellung von spezifischen Arzneimitteln erforderlich macht, findet § 11 Abs. 2 keine Anwendung auf Ausgangsstoffe, die zur Herstellung von Arzneimitteln im Sinne von § 21 Abs. 2 Nr. 1c des Arzneimittelgesetzes verwendet werden, sofern

1.

deren Qualität durch ein Prüfzertifikat nach § 6 Abs. 3 nachgewiesen ist,

2.

das Behältnis so verschlossen ist, dass ein zwischenzeitliches Öffnen des Behältnisses ersichtlich wäre und

3.

weder das Behältnis noch der Verschluss beschädigt sind. Sofern das Behältnis durch einen Betrieb in einem Mitgliedstaat der Europäischen Union oder des Europäischen Wirtschaftsraums, der nach jeweiligem nationalen Recht über eine Genehmigung nach Artikel 77 der Richtlinie 2001/83/EG verfügt, zum Zwecke des Umfüllens oder Abpackens des Ausgangsstoffes in unveränderter Form geöffnet wurde, findet § 11 Abs. 2 dann keine Anwendung, wenn der Apotheke eine Kopie des Prüfzertifikats nach § 6 Abs. 3 sowie eine schriftliche Bestätigung des Betriebs vorliegt, dass bei Öffnung des Gefäßes die Voraussetzungen nach Satz 1 Nr. 1 bis 3 vorlagen und die Ausgangsstoffe in geeignete Behältnisse umgefüllt oder abgepackt wurden. Bei einer bedrohlichen übertragbaren Krankheit, deren Ausbreitung eine sofortige und das übliche Maß erheblich überschreitende Bereitstellung von spezifischen Arzneimitteln erforderlich macht, wird § 17 Absatz 1 nicht für Arzneimittel angewendet, die von den zuständigen Behörden des Bundes oder der Länder zur Verfügung gestellt werden.

Dritter Abschnitt
Der Betrieb von Krankenhausapotheken

-

§ 26 Anzuwendende Vorschriften

(1) Die Krankenhausapotheke ist die Funktionseinheit eines Krankenhauses, der die Sicherstellung der ordnungsgemäßen Versorgung von einem oder mehreren Krankenhäusern mit Arzneimitteln und apothekenpflichtigen Medizinprodukten sowie die Information und Beratung über diese Produkte, insbesondere von Ärzten, Pflegekräften und Patienten, obliegt.

(2) Die Vorschriften der §§ 1a und 2a sowie der §§ 4a, 5 bis 8 und 11 bis 14, 16, 17 Absatz 1 und 6c, der §§ 18, 20 Absatz 1 und der §§ 21, 22 und 25a gelten für den Betrieb von Krankenhausapotheken entsprechend.

-

§ 27 Leiter der Krankenhausapotheke

(1) Apothekenleiter ist der vom Träger des Krankenhauses angestellte und mit der Leitung beauftragte Apotheker.

(2) Der Leiter der Krankenhausapotheke ist dafür verantwortlich, dass die Apotheke unter Beachtung der geltenden Vorschriften betrieben wird. Er hat insbesondere dafür zu sorgen, dass

1.

die bestellten Arzneimittel und apothekenpflichtigen Medizinprodukte bedarfsgerecht bereitgestellt und Arzneimittel, die zur akuten medizinischen Versorgung besonders dringlich benötigt werden, unverzüglich zur Verfügung gestellt werden,

2.

die im Krankenhaus lagernden Arzneimittel und apothekenpflichtigen Medizinprodukte regelmäßig überprüft und die Überprüfungen dokumentiert werden,

3.

ein Apotheker der Apotheke

a)

das Personal des Krankenhauses im Hinblick auf eine sichere, zweckmäßige und wirtschaftliche Arzneimitteltherapie und Anwendung der Arzneimittel oder apothekenpflichtigen Medizinprodukte und

b)

soweit erforderlich, den Patienten im Hinblick auf eine sichere Arzneimittelanwendung, insbesondere in Zusammenhang mit seiner Entlassung aus dem Krankenhaus berät.

Der Leiter der Krankenhausapotheke ist Mitglied der Arzneimittelkommission des Krankenhauses.

(3) Der Leiter der Krankenhausapotheke kann nur von einem Apotheker vertreten werden. Dieser hat während der Dauer der Vertretung die Pflichten des Apothekenleiters.

(4) Die Vorschriften des § 2 Abs. 3 und 5 gelten entsprechend.

-

§ 28 Personal der Krankenhausapotheke

(1) Das für einen ordnungsgemäßen Betrieb der Krankenhausapotheke notwendige Personal, insbesondere auch das pharmazeutische Personal, muss in ausreichender Zahl vorhanden sein. Der Personalbedarf ergibt sich aus Art und Umfang einer medizinisch zweckmäßigen und ausreichenden Versorgung des Krankenhauses mit Arzneimitteln und apothekenpflichtigen Medizinprodukten unter Berücksichtigung von Größe, Art und Leistungsstruktur des Krankenhauses. Satz 2 gilt entsprechend, soweit die Krankenhausapotheke auch andere Krankenhäuser versorgt.

(2) Für den Einsatz des Apothekenpersonals ist der Leiter der Krankenhausapotheke verantwortlich.

(3) Die Vorschriften des § 3 Absatz 1, 5 und 6 gelten entsprechend.

-

§ 29 Räume und Einrichtung der Krankenhausapotheke

(1) Die für einen ordnungsgemäßen Betrieb der Krankenhausapotheke notwendigen Räume müssen vorhanden sein. Dabei sind Art, Beschaffenheit, Größe und Zahl der Räume sowie die Einrichtung der Krankenhausapotheke an den Maßstäben des § 28 Abs. 1 Satz 2 auszurichten.

(2) Die Krankenhausapotheke soll mindestens aus einer Offizin, zwei Laboratorien, einem Geschäftsraum und einem Nebenraum bestehen und muß über ausreichenden Lagerraum verfügen; in einem Laboratorium muß sich ein Abzug mit Absaugvorrichtung befinden. Eine Lagerung unterhalb einer Temperatur von 25 Grad Celsius muß möglich sein. Die Grundfläche dieser Betriebsräume muß insgesamt mindestens 200 qm betragen. Die Regelungen des § 4 Absatz 1 Satz 1, 2 Nummer 1 bis 4, Satz 3, Absatz 2 Satz 4, Absatz 2b, 2c, 2d, 4 Satz 3 und Absatz 6 gelten entsprechend.

(3) Art und Anzahl der Geräte zur Herstellung, Prüfung und Bestimmung von Ausgangsstoffen und Arzneimitteln sowie Art und Anzahl der Prüfmittel haben sich an Größe, Art und Leistungsstruktur des Krankenhauses auszurichten. Die Vorschriften des § 4 Abs. 7 und 8 finden Anwendung.

-

§ 30 Vorratshaltung in der Krankenhausapotheke

Die zur Sicherstellung einer ordnungsgemäßen Versorgung der Patienten des Krankenhauses notwendigen Arzneimittel und apothekenpflichtigen Medizinprodukte müssen in ausreichender Menge vorrätig gehalten werden, die mindestens dem durchschnittlichen Bedarf für zwei Wochen entsprechen muß. Diese Arzneimittel und apothekenpflichtigen Medizinprodukte sind aufzulisten.

-

§ 31 Abgabe in der Krankenhausapotheke

(1) Arzneimittel und apothekenpflichtige Medizinprodukte dürfen an Stationen oder andere Teileinheiten des Krankenhauses nur auf Grund einer Verschreibung im Einzelfall oder auf Grund einer schriftlichen Anforderung abgegeben werden. Dies gilt für Verschreibungen oder Anforderungen in elektronischer Form entsprechend.

(2) Bei der Abgabe an Stationen und andere Teileinheiten des Krankenhauses sind die Arzneimittel und apothekenpflichtigen Medizinprodukte vor dem Zugriff Unbefugter zu schützen. Sie sind in einem geeigneten, verschlossenen Behälter abzugeben, auf dem die Apotheke und der Empfänger anzugeben sind. Teilmengen von Fertigarzneimitteln, die an Patienten im Zusammenhang mit einer vor- oder nachstationären Behandlung oder einer ambulanten Operation zur Anwendung außerhalb des Krankenhauses ausgehändigt werden sollen, sind nach Maßgabe des § 14 Abs. 1 Satz 2 zu kennzeichnen und mit einer Packungsbeilage zu versehen.

(3) Arzneimittel aus zur Abgabe an den Verbraucher bestimmten Packungen dürfen nur dann ohne äußere Umhüllung abgegeben werden, wenn auf dem Behältnis die Bezeichnung des Arzneimittels,

die Chargenbezeichnung und, soweit für das Arzneimittel vorgeschrieben, das Verfalldatum sowie Aufbewahrungshinweise angegeben sind und die Packungsbeilage hinzugefügt wird.

(4) Die Vorschriften des § 17 Absatz 1, 1a, 4, 5, 6 Satz 1 Nummer 1 bis 3 sowie Satz 2 und 3 und Absatz 6a bis 6c gelten entsprechend.

-

§ 32 Überprüfung der Arzneimittelvorräte und der apothekenpflichtigen Medizinprodukte auf den Stationen

(1) Die Verpflichtung des Leiters der Krankenhausapotheke oder eines von ihm beauftragten Apothekers der Apotheke zur Überprüfung der Arzneimittelvorräte nach § 14 Abs. 6 des Gesetzes über das Apothekenwesen erstreckt sich auf alle auf den Stationen und in anderen Teileinheiten des Krankenhauses vorrätig gehaltenen Arzneimittel; die Überprüfung der Arzneimittelvorräte muß mindestens halbjährlich erfolgen. Satz 1 gilt entsprechend für apothekenpflichtige Medizinprodukte.

(2) Der überprüfende Apotheker und das ihn unterstützende Apothekenpersonal sind befugt, die Räume zu betreten, die der Arzneimittelversorgung dienen. Die Krankenhausleitung und das übrige Krankenhauspersonal haben die Durchführung der Überprüfung zu unterstützen.

(3) Der Leiter der Krankenhausapotheke oder der von ihm beauftragte Apotheker der Apotheke hat über jede Überprüfung ein Protokoll in vierfacher Ausfertigung anzufertigen. Das Protokoll muß mindestens enthalten

1.

das Datum der Überprüfung,

2.

die Bezeichnung der Station oder der anderen Teileinheit des Krankenhauses,

3.

den Namen des Apothekers und der anderen an der Überprüfung beteiligten Personen,

4.

die Art und den Umfang der Überprüfung, insbesondere bezüglich

a)

der allgemeinen Lagerungs- und Aufbewahrungsbedingungen,

b)

der Lagerung und Aufbewahrung der Arzneimittel und Medizinprodukte nach den anerkannten pharmazeutischen Regeln,

c)

der Beschaffenheit einschließlich der Kennzeichnung der Arzneimittel und Medizinprodukte,

d)

der Verfalldaten,

5.

die festgestellten Mängel,

6.

die zur Beseitigung der Mängel veranlaßten Maßnahmen,

7.

den zur Beseitigung der Mängel gesetzten Termin,

8.

Angaben über die Beseitigung früher festgestellter Mängel,

9.

die Unterschrift mit Datum des für die Überprüfung
verantwortlichen Apothekers.

Eine Ausfertigung des Protokolls ist der Krankenhausleitung
spätestens vier Wochen, bei schwerwiegenden Mängeln unmittelbar
nach Durchführung der Überprüfung zuzuleiten, jeweils eine weitere ist
dem Arzt sowie der Pflegedienstleitung auszuhändigen, die für die
Arzneimittelversorgung der Station oder der anderen Teileinheit des
Krankenhauses zuständig ist, und die vierte ist in der Apotheke
aufzubewahren.

-

§ 33 Dienstbereitschaft der Krankenhausapotheke

Eine die ordnungsgemäße Arzneimittelversorgung des Krankenhauses
gewährleistende Dienstbereitschaft ist durch den Inhaber der Erlaubnis
sicherzustellen. Dies schließt auch ein, dass die Beratung durch einen
Apotheker der Apotheke gewährleistet ist.

Vierter Abschnitt

Sondervorschriften

-

§ 34 Patientenindividuelles Stellen oder Verblistern von Arzneimitteln

(1) Im Qualitätsmanagementsystem nach § 2a sind insbesondere folgende Festlegungen zu treffen:

1.
   zur Auswahl der Arzneimittel, die für ein Stellen oder eine Neuverblisterung grundsätzlich in Frage kommen oder die nicht für das Stellen oder die Neuverblisterung geeignet sind,

2.
   zur Entscheidung, welche Arzneimittel für eine gleichzeitige Einnahme gegebenenfalls nicht in demselben Einzelbehältnis aufbewahrt oder im selben Einzelblister verblistert werden können,

3.
   zur Entscheidung, in welchen Ausnahmefällen einer schriftlichen ärztlichen Anforderung über eine vor dem Stellen oder Verblistern vorzunehmende Teilung von Tabletten, soweit ansonsten die Versorgung nicht gesichert werden kann und bei nachgewiesener Validierung der Stabilität ihrer Qualität über den Haltbarkeitszeitraum des Blisters oder des wiederverwendbaren Behältnisses gegebenenfalls gefolgt werden kann, obwohl das nachträgliche Verändern des Fertigarzneimittels grundsätzlich verhindert werden sollte,

4.
   zur Zwischenlagerung und Kennzeichnung der entblisterten Arzneimittel,

5.

zu den technischen und organisatorischen Maßnahmen, um die

Qualität der entblisterten Arzneimittel zu erhalten und um

insbesondere Kreuzkontaminationen und Verwechslungen zu

vermeiden, einschließlich der Überprüfung ihrer Wirksamkeit,

6.

zur Kalibrierung, Qualifizierung, Wartung und Reinigung der

Blisterautomaten, soweit verwendet, oder sonstiger kritischer

Ausrüstungsgegenstände oder Geräte,

7.

zu den primären Verpackungsmaterialien und ihren

Qualitätsprüfungen,

8.

zu den Herstellungsanweisungen und den Herstellungsprotokollen

gemäß § 7,

9.

zum Hygieneplan sowie

10.

zum hygienischen Verhalten des Personals am Arbeitsplatz und

zur Art der Schutzkleidung für die Arzneimittelherstellung,

einschließlich der Art und Weise und der Häufigkeit der

Umkleidevorgänge.

(2) Das Personal muss für die Tätigkeiten ausreichend qualifiziert sein

und regelmäßig geschult werden; die Schulungsmaßnahmen sind zu

dokumentieren. Das hinsichtlich § 3 Absatz 2 Satz 1 erforderliche

Personal ergibt sich aus dem Umfang der Herstellung.

(3) Das patientenindividuelle Stellen oder Verblistern ist abweichend

von § 4 Absatz 2b in einem separaten Raum vorzunehmen, der ausschließlich diesem Zweck dienen darf. Der Raum muss von angemessener Größe sein, um die einzelnen Arbeitsgänge in spezifisch zugeordneten Bereichen durchführen zu können. Seine Wände und Oberflächen sowie der Fußboden müssen leicht zu reinigen sein, damit das umgebungsbedingte Kontaminationsrisiko für die Arzneimittel minimal ist. Der Zugang und das Einbringen der Materialien sollen zumindest bei der maschinellen Verblisterung über einen Zwischenraum (Schleuse) zur Aufrechterhaltung einer im Herstellungsraum geeigneten Raumqualität erfolgen. § 4a ist entsprechend anzuwenden. Von Satz 1 und Satz 4 kann abgewichen werden, wenn das Stellen oder das manuell vorgenommene Verblistern von Arzneimitteln im Ausnahmefall für einen einzelnen Patienten vorgenommen werden soll.

(4) Aus der Kennzeichnung des neu verpackten Arzneimittels müssen folgende Angaben hervorgehen:

1.

der Name des Patienten,

2.

die enthaltenen Arzneimittel und ihre Chargenbezeichnungen,

3.

das Verfalldatum des neu zusammengestellten Arzneimittels und seine Chargenbezeichnung,

4.

die Einnahmehinweise,

5.

eventuelle Lagerungshinweise sowie

6.

die abgebende Apotheke und, soweit unterschiedlich, des

Herstellers.

Dem neu verpackten Arzneimittel sind die Packungsbeilagen der

enthaltenen Fertigarzneimittel gemäß § 11 Absatz 7 des

Arzneimittelgesetzes beizufügen.

-

§ 35 Herstellung von Arzneimitteln zur parenteralen Anwendung

(1) Im Qualitätsmanagementsystem nach § 2a sind insbesondere

Festlegungen zu treffen

1.

zu den einzusetzenden Arzneimitteln sowie den primären

Verpackungsmaterialien und ihren Qualitätsprüfungen,

2.

zu den technischen und zu den organisatorischen Maßnahmen,

um Kontaminationen, Kreuzkontaminationen und Verwechslungen

zu vermeiden, einschließlich der Überprüfung ihrer Wirksamkeit,

3.

zur Kalibrierung, Qualifizierung, Wartung und Reinigung der

Ausrüstungen und des Herstellungsraums,

4.

zur Validierung der die Produktqualität beeinflussenden Prozesse,

Methoden und Systeme und zur Revalidierung; bei aseptischen

Herstellungsprozessen am Ende jedes Arbeitstages unter Einbeziehung des betroffenen Herstellungspersonals,

5. zu den kritischen Ausrüstungsgegenständen oder Geräten,

6. zu den Herstellungsanweisungen und Herstellungsprotokollen gemäß § 7 oder § 8,

7. zu einem eventuellen Transport der hergestellten Arzneimittel,

8. zu den Hygienemaßnahmen sowie

9. zum hygienischen Verhalten des Personals am Arbeitsplatz und zur Art der Schutzkleidung für die Arzneimittelherstellung, einschließlich der Art und Weise und der Häufigkeit der Umkleidevorgänge.

(2) Das Personal muss für die Tätigkeiten ausreichend qualifiziert sein und regelmäßig geschult werden; die Schulungsmaßnahmen sind zu dokumentieren. Das nach § 3 Absatz 2 Satz 1 erforderliche Personal ergibt sich aus Art und Umfang der Herstellung.

(3) Die Herstellung parenteraler Arzneimittel ist in einem separaten Raum vorzunehmen, der nicht für andere Tätigkeiten genutzt werden darf, soweit es sich nicht um die Herstellung von anderen sterilen Zubereitungen gemäß Arzneibuch handelt. Der Zugang zu diesem Raum sowie das Einbringen von Materialien müssen über einen Zwischenraum (Schleuse) erfolgen, der für die Aufrechterhaltung der

im Herstellungsraum erforderlichen Reinraumklassen geeignet ist. Der Raum muss ausschließlich dem Zweck der Herstellung parenteraler Arzneimittel dienen, von angemessener Größe sein, um die einzelnen Arbeitsgänge in spezifisch zugeordneten Bereichen durchführen zu können, und die Belüftung muss über Filter angemessener Wirksamkeit erfolgen. Seine Wände und Oberflächen sowie der Fußboden müssen leicht zu reinigen sein, damit das umgebungsbedingte Kontaminationsrisiko für die Arzneimittel minimal ist. In dem Raum dürfen sich zum Zeitpunkt der Herstellung nur Mitarbeiter aufhalten, die dort entsprechende Tätigkeiten ausüben; ihre Schutzkleidung ist den Tätigkeiten anzupassen und mindestens arbeitstäglich zu wechseln. § 4a ist entsprechend anzuwenden.

(4) Soweit die Arzneimittel keinem Sterilisationsverfahren im Endbehältnis unterzogen werden und sie nicht im geschlossenen System hergestellt werden, ist während der Zubereitung und Abfüllung

1.

in der lokalen Zone für die Arbeitsgänge ein Luftreinheitsgrad für Keimzahl und Partikelzahl entsprechend Klasse A der Definition des EG-GMP-Leitfadens, Anhang 1, der vom Bundesministerium im Bundesanzeiger in der jeweils aktuellen Fassung bekannt gemacht wird, einzuhalten und

2.

eine geeignete Umgebung erforderlich, die in Bezug auf Partikel- und Keimzahl

a)

mindestens der Klasse B des Anhangs des Leitfadens

entspricht

b)

oder abweichend von Klasse B mindestens der Klasse C des Anhangs des Leitfadens entspricht, wenn die Arzneimittelqualität durch das angewendete Verfahren nachweislich gewährleistet wird und durch entsprechende Validierung des Verfahrens belegt ist,

c)

oder bei Einsatz eines Isolators der Klasse D des Anhangs des Leitfadens entspricht.

Für die Zubereitung von Arzneimitteln, die nicht im geschlossenen System hergestellt, aber einem Sterilisationsverfahren im Endbehältnis unterzogen werden, ist abweichend von Satz 1 Nummer 2 Buchstabe a eine Umgebung erforderlich, die in Bezug auf Partikel- und Keimzahl mindestens der Klasse D des Anhangs des Leitfadens entspricht; für die Abfüllung dieser Arzneimittel ist ein Luftreinheitsgrad der Klasse C einzuhalten.

(5) Die Reinraumbedingungen sind durch geeignete Kontrollen der Luft, kritischer Oberflächen und des Personals anhand von Partikel- und Keimzahlbestimmungen während der Herstellung in offenen Systemen zu überprüfen. Von dem für das Freigabeverfahren verantwortlichen Apotheker sind dafür entsprechende Warn- und Aktionsgrenzen festzulegen.

(6) Auf die Herstellung der parenteralen Arzneimittel sind die §§ 6 bis 8 anzuwenden. Die Plausibilitätsprüfung der ärztlichen Verordnung muss insbesondere auch patientenindividuelle Faktoren sowie die

Regeldosierung und die daraus möglicherweise resultierende individuelle Dosis beinhalten. Die Herstellungsanweisung muss auch eine Kontrolle der Berechnungen, der Einwaagen und der einzusetzenden Ausgangsstoffe durch eine zweite Person oder durch validierte elektronische Verfahren sowie eine Dichtigkeitsprüfung des befüllten Behältnisses vorsehen.

-

§§ 35a u. 35b (weggefallen)

-

Fünfter Abschnitt
Ordnungswidrigkeiten, Übergangs- und Schlussbestimmungen

-

§ 36 Ordnungswidrigkeiten

Ordnungswidrig im Sinne des § 25 Abs. 2 des Gesetzes über das Apothekenwesen handelt, wer vorsätzlich oder fahrlässig

1.

entgegen § 3 Abs. 5 Satz 1 in Verbindung mit Satz 2 pharmazeutische Tätigkeiten ausführt,

1a.

entgegen § 17 Absatz 1a Satz 1 ein Arzneimittel aushändigt,

1b.

entgegen § 17 Abs. 2b ein dort genanntes Arzneimittel im Wege des Versandes in den Verkehr bringt,

2.

als Apothekenleiter

a)

einer Vorschrift des § 2 Abs. 5 oder 6 Satz 1, 2 oder 3 über die Vertretung des Apothekenleiters zuwiderhandelt,

b)

entgegen § 2a Absatz 1 Satz 1 ein Qualitätsmanagementsystem nicht betreibt,

c)

entgegen § 3 Abs. 5 Satz 1 in Verbindung mit § 2 Abs. 2 Satz 2 und 3 oder § 3 Abs. 5 Satz 2 pharmazeutische Tätigkeiten ausführen lässt,

d)

entgegen § 3 Abs. 5 Satz 3 in Verbindung mit § 2 Abs. 2 Satz 2 und 3 pharmazeutische Tätigkeiten nicht beaufsichtigt oder nicht durch einen Apotheker beaufsichtigen läßt,

e)

entgegen § 15 Absatz 1 Satz 2 ein dort genanntes Arzneimittel nicht vorrätig hält,

f)

entgegen § 15 Absatz 2 nicht sicherstellt, dass ein dort genanntes Arzneimittel vorrätig gehalten wird oder kurzfristig beschafft werden kann,

g)

entgegen § 17 Absatz 1a Satz 1 Arzneimittel außerhalb der

Apothekenbetriebsräume oder entgegen § 17 Abs. 3

apothekenpflichtige Arzneimittel im Wege der

Selbstbedienung in den Verkehr bringt,

h)

entgegen § 17 Abs. 7 in Verbindung mit § 31 Abs. 1 Satz 1

oder Abs. 3, jeweils auch in Verbindung mit § 2 Abs. 2 Satz 2

und 3, Arzneimittel abgibt oder abgeben läßt,

i)

entgegen § 17 Abs. 7 in Verbindung mit § 32 Abs. 1 und mit §

2 Abs. 2 Satz 2 und 3 auf den Stationen oder in anderen

Teileinheiten des Krankenhauses vorrätig gehaltene

Arzneimittel nicht, nicht vollständig oder nicht rechtzeitig

überprüft oder durch einen Apotheker überprüfen läßt oder

entgegen § 17 Abs. 7 in Verbindung mit § 32 Abs. 3 und mit §

2 Abs. 2 Satz 2 das vorgeschriebene Protokoll nicht, nicht

richtig oder nicht vollständig anfertigt, nicht der

Krankenhausleitung zuleitet, nicht dem zuständigen Arzt

aushändigt oder nicht aufbewahrt oder diese Maßnahmen

nicht durch einen Apotheker ausführen läßt,

j)

entgegen § 21 nicht dafür sorgt, daß die dort genannten

Maßnahmen bei Arzneimittelrisiken oder nicht

verkehrsfähigen Arzneimitteln getroffen werden,

k)

entgegen § 23 Abs. 1 die Apotheke nicht dienstbereit hält,

l)

entgegen § 23 Abs. 5 in Verbindung mit § 2 Abs. 2 Satz 2 und 3 an sichtbarer Stelle einen gut lesbaren Hinweis auf die nächstgelegenen dienstbereiten Apotheken nicht anbringt oder nicht anbringen läßt,

m)

entgegen § 24 Abs. 1 Satz 1 eine Rezeptsammelstelle ohne die erforderliche Erlaubnis unterhält,

3.

als Apothekenleiter oder Angehöriger des pharmazeutischen Personals

a)

(weggefallen)

b)

entgegen § 7 Abs. 1 Satz 1 Arzneimittel nicht entsprechend der Verschreibung herstellt oder entgegen § 7 Abs. 1 Satz 2 bei der Herstellung andere als in der Verschreibung genannte Bestandteile ohne Zustimmung des Verschreibenden verwendet,

c)

(weggefallen)

d)

entgegen § 14 Abs. 1 Arzneimittel ohne die vorgeschriebene Kennzeichnung abgibt,

e)

entgegen § 16 Absatz 1 Satz 1 oder Satz 2 ein Arzneimittel, einen Ausgangsstoff oder ein Medizinprodukt nicht, nicht richtig oder nicht in der vorgeschriebenen Weise lagert,

f)

(weggefallen)

g)

(weggefallen)

h)

entgegen § 18 Abs. 1 Satz 1 bei dem Verbringen von Arzneimitteln die vorgeschriebenen Angaben nicht aufzeichnet,

i)

entgegen § 19 Abs. 1 Satz 1 die dort vorgeschriebenen Nachweise nicht führt oder entgegen § 19 Abs. 2 Satz 1 die dort genannten Arzneimittel abgibt, ohne daß eine Verschreibung in zweifacher Ausfertigung vorliegt,

j)

Aufzeichnungen, Bescheinigungen oder Nachweise nicht entsprechende § 22 Abs. 1 Satz 1 aufbewahrt oder entgegen § 22 Abs. 1 Satz 2 oder 3 Aufzeichnungen, Bescheinigungen oder Nachweise unkenntlich macht oder Veränderungen vornimmt,

k)

entgegen § 22 Abs. 4 Satz 1 eine Aufzeichnung nicht oder nicht mindestens dreißig Jahre aufbewahrt und nicht oder nicht mindestens dreißig Jahre speichert oder

4.

als Leiter einer Krankenhausapotheke

a)

entgegen § 26 Abs. 2 in Verbindung mit § 21 nicht dafür sorgt, daß die dort genannten Maßnahmen bei Arzneimittelrisiken oder nicht verkehrsfähigen Arzneimitteln getroffen werden,

b)

entgegen § 28 Abs. 3 in Verbindung mit § 3 Abs. 5 Satz 1 und mit § 27 Abs. 2 Satz 1 pharmazeutische Tätigkeiten ausführen lässt,

c)

entgegen § 28 Abs. 3 in Verbindung mit § 3 Abs. 5 Satz 3 und mit § 27 Abs. 2 Satz 1 pharmazeutische Tätigkeiten nicht beaufsichtigt oder nicht durch einen Apotheker beaufsichtigen läßt,

d)

entgegen § 31 Abs. 1 Satz 1, Abs. 3 oder 4 in Verbindung mit § 17 Abs. 5 Satz 1, jeweils in Verbindung mit § 27 Abs. 2 Satz 1, Arzneimittel abgibt oder abgeben läßt oder

e)

entgegen § 32 Abs. 1 in Verbindung mit § 27 Abs. 2 Satz 1 auf den Stationen oder in anderen Teileinheiten des Krankenhauses vorrätig gehaltene Arzneimittel nicht, nicht vollständig oder nicht rechtzeitig überprüft oder durch einen Apotheker überprüfen läßt oder entgegen § 32 Abs. 3 in Verbindung mit § 27 Abs. 2 Satz 1 das vorgeschriebene Protokoll nicht, nicht richtig oder nicht vollständig anfertigt, nicht der Krankenhausleitung zuleitet, nicht dem zuständigen

Arzt aushändigt oder nicht aufbewahrt oder diese
Maßnahmen nicht durch einen Apotheker ausführen läßt.

-

§ 37 Übergangsvorschriften

(1) Auf Apotheken, für die vor dem 11. Juni 2012 eine Erlaubnis nach §
1 Absatz 2, auch in Verbindung mit § 2 Absatz 4, des
Apothekengesetzes erteilt worden ist, sind die §§ 2a, 4 Absatz 1 Satz 2
Nummer 1 Buchstabe a, § 34 Absatz 3 Satz 1 und 4 sowie § 35 Absatz
3 Satz 2 erst ab dem 1. Juni 2014 anzuwenden; bis zu diesem
Zeitpunkt müssen die Räume jedoch weiterhin den bis zum 11. Juni
2012 geltenden Vorschriften entsprechen.
(2) Auf Apotheken, für die vor dem 11. Juni 2012 eine Erlaubnis nach §
1 Absatz 2, auch in Verbindung mit § 2 Absatz 4, des
Apothekengesetzes erteilt worden ist, ist § 35 Absatz 5 ab dem 1. Juni
2013 anzuwenden; bis zu diesem Zeitpunkt müssen die
Reinraumanforderungen nachweislich mindestens den Anforderungen
der Klasse A für die lokale Zone und der Klasse C für den
Umgebungsbereich entsprechen.

-

Anlage 1 (weggefallen)

-

-

Anlage 2 (weggefallen)

-

-

Anlage 3 (weggefallen)

-

-

Anlage 4 (weggefallen)

-